MEDICAÇÃO OU MEDICALIZAÇÃO?

PSI
PRIMAVERA EDITORIAL

Lucianne Sant'Anna de Menezes
Gisela Giglio Armando
Patrícia Vieira
|organizadoras|

SEDES SAPIENTIAE

Sumário

Introdução

Em 2012, o Departamento Formação em Psicanálise do Instituto Sedes Sapientiae promoveu o evento *Psicanálise, Medicalização e sociedade*, em que foram convidados psiquiatras e psicanalistas para falar acerca de sua experiência em relação ao processo da "medicalização" e de seus efeitos na singularidade dos sujeitos e no âmbito do social, dando voz ao que raramente aparece na mídia escrita e falada. Desse encontro resultou o presente livro, escrito boa parte em linguagem oral, com a proposta de trazer um debate a respeito desse fenômeno social mundial.

Não foi por acaso que chamamos profissionais dessas áreas para discutir sobre um tema tão complexo. São psicanalistas com formações diversas como medicina, filosofia e psicologia, em cujas clínicas se deparam diariamente com a experiência do sofrimento humano, e, quando médicos, no tratamento, há a possibilidade de recorrer à medicação. *Quando medicar*? E *por quê*? São perguntas que exigem reflexões constantes, em especial, por conta da maneira com que a medicação vem sendo inserida na nossa cultura. Por isso, o uso do termo "medicalização" no lugar de "medicação", uma palavra em que se contraem duas ideias: "medicação" e "idealização". Em tempos de grande desenvolvimento da biotecnologia, pensamos ser importante indagar o que nós, sujeitos contemporâneos a esse fenômeno, fazemos com isso e como se dá sua inserção em nossas vidas.

Provocamos uma discussão acerca da "medicalização" e suas consequências na cultura, na política e no psiquismo. Foi possível levantar interrogações a respeito da mercantilização da saúde na contemporaneidade, em que a medicação passa de meio de tratamento à bem de consumo. Com a promessa de estar a serviço do bem-estar e da felicidade humanos, seduz consumidores ávidos por esses bens e que são convocados à eficiência em todos os momentos de suas vidas. Soma-se a isso as regras de bem viver, o controle do comportamento e hábitos saudáveis, tudo sustentado em nome da "ciência". No final das contas, assistimos a uma moralização da doença, em que se acredita que só adoece quem não segue as regras construídas pelo conhecimento científico. Testemunhamos um emaranhado de ideologias a serviço da biotecnologia que dizem mais respeito a questões da cultura e do mercado de consumo do que ao tratamento possível pela medicação.

Uma criança mais ativa e com dificuldades de inserção no grupo pode ser precocemente medicada com o intuito de torná-la dócil e, desse modo, não dar trabalho aos pais e adequar-se à escola. Dessa maneira, desconsidera-se que para além da educação e da adaptação, ela é um sujeito em construção, procurando lidar com suas pulsões. Um adolescente angustiado com aspectos próprios da adolescência também pode ser bombardeado com antidepressivos e silenciadores do ruído pulsante da vida e da sexualidade. Enfim, encontramos drogas para emagrecer, para prolongar e garantir o prazer sexual, para combater os sinais da idade, para controlar o humor e a adaptação, e assim por diante. Cada dia há uma nova descoberta.

Nesse ponto, é importante marcar que não questionamos o avanço tecnológico na pesquisa e na produção de fármacos, o qual trouxe muitos benefícios para o tratamento de tumores, doenças crônicas e autoimunes, dentre outras, sendo inegáveis os ganhos na qualidade de vida dos pacientes que estão nessa situação. O que está em questão nesta obra é um discurso midiático e ideológico que preconiza o desenvolvimento de medicamentos como utopia humana, privilegiando o tratamento farmacológico em detrimento da subjetividade do sujeito. Questionar a finalidade dessa terapêutica é questionar também a ética e a política que estão aí em jogo, revelando-se o discurso de fundo: o discurso capitalista.

A psicanálise se insere em um discurso bastante diferente, propondo a escuta do conflito e da dor, do resgate do *páthos* como paixão, sofrimento, que por vezes inibem a possibilidade da experiência de se viver como sujeito do próprio desejo, e, portanto, usufruir da liberdade de existir. A partir desse referencial, tendo a clínica como suporte, discutimos a veracidade das promessas da biotecnologia e das técnicas de controle de comportamento, bem como da possibilidade de sustentação de uma sociedade da eficiência. Será que somos tão eficientes assim, a ponto de nunca desenvolvermos sintomas que dificultem nossa vida profissional, amorosa e social? E o uso maciço de medicação resolveria o problema?

Fazemos oposição à tentativa de construção de uma ideia de sociedade homogênea e de uma realidade pasteurizada. Não compactuamos com o ideal de eficiência e eficácia que aliena o sujeito de sua experiência de viver, porque induz a crença de que se algo não correu bem é porque ele fez alguma coisa errada ou porque é um ser defeituoso em seu funcionamento bioquímico. Esse é um dos possíveis resultados da moralização da doença e do sofrimento, o que não é patrimônio exclusivo da idealização da medicação ou do controle do comportamento, sendo tão antiga quanto as religiões. Se antes o sofrimento do corpo era consequência da fúria de Deus, e tinha a função de redenção dos pecados, hoje, é fruto dos hábitos ruins de cada um de nós. E para corrigir esses hábitos há a medicalização que alivia qualquer dor à custa da desconsideração do sujeito. A essas coisas damos o nome de *alienação*.

O intuito deste livro é, portanto, criar um espaço reflexivo a respeito da crescente "medicalização" da população, em que o saber médico é idealizado e valorizado como solução para todos os problemas da vida, o que acaba por alienar o sujeito do saber sobre seu sofrimento, sua dor, suas vivências, seu desejo e de sua felicidade.

Abrimos este debate com a conferência "Novas práticas em saúde mental: Caminhando para uma clínica do sujeito na reforma psiquiátrica brasileira", em que Pedro Carlos Carneiro nos traz dados importantes a respeito do uso abusivo de medicação psicotrópica e seu apelo à população. Por exemplo, alerta que a fluoxetina pode ser capaz de provocar suicídio em crianças, mas que essa informação não constava na bula do medicamento quando este foi lançado, pois dificultaria a aprovação da FDA. Outro aspecto é o efeito colateral de ser capaz de promover o emagrecimento e o controle de dores (como enxaqueca), também não previstos em seu lançamento, o que faz com que a fluoxetina esteja presente em muitas fórmulas manipuladas; porém, não se sabe ao certo os efeitos dessa interação medicamentosa com outras substâncias – um risco, em especial, para as mulheres.

Na medida em que as informações são expurgadas do conhecimento público, o campo para a idealização da medicação está constituído, o que coloca o paciente em uma situação de objeto de sua doença e não de sujeito de seu sofrimento, e, com isso, ele fica submetido a riscos que desconhece. Entretanto, o autor não tem dúvidas de que a medicação pode ter um uso colaborativo com o sujeito, se a tirarmos de sua idealização. Remete-nos ao movimento da reforma psiquiátrica que critica o modelo de tratamento centrado na doença e propõe o foco no sujeito, no seu discurso como possibilidade de vida para que ele se transforme e se ressignifique, aumentando suas potencialidades de inclusão social.

Mas a medicação não é em si um problema, como nos mostra Luís Cláudio Mendonça Figueiredo, com "A fantasia de medicalização, suas origens, força e implicações". Diferencia "medicação" e "medicalização". Refere-se a primeira como necessária e útil, em alguns momentos; e a segunda, como a manifestação de uma fantasia inconsciente e socialmente difundida. A fantasia da medicalização difunde a crença de que o medicamento livra o sujeito rapidamente de seu sofrimento, de maneira fácil, sem dor e sem trabalho.

É no contexto da "teoria geral do cuidado", fruto de seus desenvolvimentos teóricos no campo da psicanálise, em especial, com enfoque em Winnicott, que o autor discute as "práticas de cuidado" e a "medicalização". Sua noção de cuidado traz aspectos como a integração e a mutualidade: tanto quem cuida quanto quem é cuidado estão dentro do mesmo processo. O tratamento nessa direção opõe-se às fantasias de administração e de controle (características do regime social contemporâneo e que atribuem poderes mágicos a determinadas técnicas de tratamento em detrimento de práticas de cuidados mútuos e recíprocos), e inclui a questão do sofrimento numa concepção não normativa de saúde, além da possibilidade da medicação como tratamento paralelo à terapêutica psicanalítica.

Na sequência, Joel Birman problematiza os efeitos do processo da medicalização nos sujeitos e nos laços sociais em "Medicalização e sociedade: Efeitos de cultura, efeitos de sujeito". Retoma o pensamento de Foucault como um grande pensador da medicalização, mostrando que está em jogo um processo de normalização como forma de constituição da sociedade. É a partir dessa normalização do social que temos as categorias de normal, anormal e patológico. A normalização é função da linguagem, não sendo a norma, portanto, resultado da natureza ou do biológico. O autor esclarece o quanto a questão da normalidade é também uma questão política. Aspectos como racismo e eugenia terão presença em seu texto. Demonstra que o processo de medicalização do social estaria relacionado com a penetração e perpetuação da ideologia nazista e o tempo todo reflete sobre o lugar crítico da psicanálise nesse processo.

"Medicalização ou submissão à tecnologia?" É a pergunta de Durval Mazzei Nogueira Filho, o qual defende a ideia de que há um elemento fundamental a ser considerado nas nossas reflexões: um deslocamento da utopia, da regulação do laço social para o corpo individual. Esse deslocamento sustenta a proposição do desenvolvimento solitário em direção a um objeto perfeito, a busca da perfeição. Salienta uma vocação totalitária do discurso científico sobre o ser humano pela via da crença de que qualquer enunciado pode ter uma resolução pela metodologia científica. Cada comportamento e dor humana tem uma razão genética ou biológica de ser. Há a promessa de um "paraíso biológico": a partir da tecnologia é possível extinguir a dor, o sofrimento, os problemas, as imperfeições humanas e, acrescenta o autor, que nosso mundo midiático só fortalece essa promessa. Mas tal promessa está mais no campo da ideologia do que da ciência. Haverá possibilidade de distinguir a ideologia do determinismo biológico de uma perspectiva social autoritária?

Ao refletir sobre a "Medicalização da existência e da subjetivação", Ede Oliveira Silva retoma a história do desenvolvimento tecnológico dos psicofármacos, e de como o casamento entre psicanálise e psiquiatria foi se desfazendo. O sucesso alcançado de maneira rápida levou a uma maior exigência de precisão no diagnóstico das doenças mentais, gerando a criação de um manual diagnóstico e estatístico dos transtornos mentais, o DSM, não sem as pressões dos seguros-saúde e da indústria farmacêutica. Tudo isso foi marcando cada vez mais as fronteiras entre psicanálise e psiquiatria, que passou a ter uma identidade definitiva como especialidade médica. Essa época coincide com a descoberta da fluoxetina e a publicação do DMS-III.

Prometia-se assim uma maior rapidez na cura dos males da alma e do encontro com a felicidade por meio de drogas legais. Segundo o autor, em três décadas (de 1950 a 1980) o resultado dessa nova forma de pensar e tratar a doença mental foi uma dessingularização gradativa do sujeito, em que sua história de vida particular e individual era cada vez menos considerada, ficando submersa às estatísticas. Nesse contexto, Ede relembra que assistimos a artificialização da vida, assim como Huxley descreve em *Admirável mundo novo*. Baseado em Foucault, insere nessa reflexão o corpo como realidade biopolítica a serviço do biopoder. Seria mais uma utopia fazermos resistência à artificialização da vida?

No próximo texto, "Psicanálise e psicofármacos", ao indagar sobre o aumento do consumo de psicofármacos na nossa sociedade, Ésio dos Reis Filho trabalha a metáfora do Canto da Sereia para falar do apelo sedutor da medicação: o ideal de se viver sem dor. Põe em relevo a importância da mídia nesse processo, ao citar alguns trechos de jornais e revistas. Alerta que todos estamos imersos no mesmo caldo cultural da pós-modernidade, e, por isso, o Canto da Sereia é tão tentador para o paciente como para o psicanalista e o psiquiatra. Ésio recorre a alguns autores, como Foucault e Agamben, e, ao longo de seus escritos, vai fazendo uma importante distinção em relação à medicação: por um lado, como útil via de tratamento; e, por outro, como expressão das estratégias políticas do biopoder que transforma a população em uma massa homogênea e dócil, reduzindo a "vida qualificada" (relativa à concepção grega de "bios", a vida política) à "vida nua" (a "zoé", a vida orgânica). Para Ésio, a psicanálise se constituiria como uma resistência ao biopoder, na medida em que busca a singularidade do sujeito e o resgate de sua "vida qualificada".

Por fim, Oscar Miguelez também retoma Foulcault, e fala acerca do papel normalizador da medicina e a sua função política referida no termo "medicalização": um processo caracterizado pela extensão indefinida e sem fronteiras da intervenção do poder médico. Desse modo, em "Medicina, psiquiatria e psicanálise", ao transitar pela história da medicina, o autor observa que a psiquiatria tem uma situação problemática e complexa, tanto no âmbito estritamente médico, em especial por conta do caráter psíquico das afecções mentais (sem lesão orgânica ou de tecidos) e das consequências disso, quanto na sua relação com o social, pelo seu surgimento, no final do século XVIII, articulado ao âmbito da higiene pública e associado ao Poder Judiciário. As derivações dessa situação são trabalhadas ao longo do texto. Uma delas, segundo o autor, é que o "reducionismo biológico no âmbito da psiquiatria tem se transformado na maior fonte de desresponsabilização dos nossos dias". O sujeito já não se implica no que lhe aflige, porque o problema está no mau funcionamento de seus neurotransmissores. Para terminar, lança a ideia de que a psiquiatria poderia aceitar a heterogeneidade inerente a esse campo, permitindo acolher diferentes pontos de vista teóricos. Mas esse não é o caminho mais trilhado na contemporaneidade, talvez porque o efeito de "verdade indiscutível" de suas afirmações ficasse diluído e o seu poder sobre a subjetividade estaria questionado. Essa versão da psiquiatria, que procura manter a homogeneidade de discurso, constitui-se como a maior ideologia de nossos tempos.

Os autores deste livro têm em comum o questionamento da medicação como idealização e normalização dos sujeitos, e a medicalização como um fenômeno social de efeitos deletérios. Além disso, há uma heterogeneidade de opiniões no tratamento dessas questões, o que configura um espaço de crítica sobre a crescente medicalização da população, atendendo aos objetivos deste livro, como dissemos anteriormente. Com isso, esperamos que o leitor possa ampliar sua visão dos usos atuais dos avanços da medicina, mantendo-se como sujeitos de sua existência e exercendo de fato suas escolhas.

Gisela Giglio Armando

Lucianne Sant'Anna de Menezes

Patrícia Vieira

Novas práticas em saúde mental: Caminhando para uma clínica do sujeito na reforma psiquiátrica brasileira

Pedro Carlos Carneiro

O uso abusivo de psicotrópicos é um problema mundial. Um dos motivos que colaboram para esse fator é a cultura do "imediatismo das soluções", em que a tristeza e a angústia são sempre suprimidas rapidamente sem reflexões e são vistas como algo que tem de ser extirpado, ou seja, como se esses sentimentos não fizessem parte do repertório da essência dos sujeitos.

No campo das pesquisas sobre esses medicamentos no Brasil, se destaca a que foi realizada pelo Centro Brasileiro de Informações sobre Drogas (Carlini, 2009), ligado à Universidade Federal de São Paulo (Unifesp). Foram pesquisadas 39.782 receitas especiais, ou seja, receitas controladas, e 10.000 delas continham o prescritivo da fluoxetina, a qual faz parte da nova geração de antidepressivos. Além da depressão, esse medicamento tem sido utilizado para emagrecer e para diminuir ou aliviar dores.

Um dado interessante sobre a fluoxetina é que os laboratórios perceberam o quanto a "droga da felicidade", como ela foi chamada inicialmente, tem um forte apelo na população, trazendo muitos ganhos aos laboratórios. Desde então, o investimento em drogas psicotrópicas de última geração tem aumentado bastante. A última década do século XX, de 1990 a 2000, foi chamada de "década do cérebro" nos Estados Unidos, justamente pelo investimento maciço que se fez em drogas psicotrópicas, entre elas os antidepressivos.

Apesar de não causarem dependência química, os antidepressivos podem interagir com vários outros medicamentos, formando efeitos adversos ainda não estudados, como também podem ter efeitos colaterais muito prejudiciais à saúde. É de conhecimento público e foi manchete em vários jornais na época, embora hoje em dia pouco se fale sobre o assunto, que, no início, para que a fluoxetina fosse aprovada pelo FDA (Food and Drug Administration, a agência de vigilância de drogas e alimentos nos Estados Unidos), os laboratórios ocultaram alguns dados importantes em sua bula. Um deles é que o medicamento estava relacionado a alguns casos de suicídio em crianças. Esse dado foi ocultado, mas depois de protestos de alguns setores, teve de ser incluído na bula.

O psiquiatra tem de ter todo cuidado no manejo desse medicamento. É um medicamento difícil, como são todos os outros psicotrópicos: são difíceis de manejar e não podem ser prescritos indiscriminadamente, como água.

Outro dado interessante dessa pesquisa é em relação ao sexo: quase 80% das receitas de fluoxetina são destinadas a mulheres. Isso ocorre porque a fluoxetina tem como efeito colateral o emagrecimento, e muitas vezes os médicos prescrevem essa droga antidepressiva em fórmulas manipuladas junto a outras drogas, para obter tal efeito, inclusive médicos de outras especialidades, não psiquiatras.

Essa é uma realidade perigosa, porque quando você soma várias interações de vários princípios ativos e de diversas drogas diferentes, não é possível ter a noção de controle sobre os efeitos. Esse trabalho foi interessante porque é importante que se saiba que sugere haver hoje uma banalização do diagnóstico clínico, principalmente de depressão.

Ainda não temos um avanço suficiente de terapêuticas alternativas e mesmo no campo das psicoterapias, da psicodinâmica, que possam substituir integralmente, no caso, por exemplo, das psicoses, a necessidade do uso de medicação alopática psicotrópica. O que não quer dizer que não possamos utilizar a medicação alopática relativizando seu uso em relação a cada sujeito. Se você usa a medicação só pensando no padrão *standard* das drogas, quer dizer, pensando apenas no resultado que o ensaio das pesquisas clínicas nos traz, cada vez mais você vai se distanciar, e verá o sujeito como objeto.

Um distanciamento assim implica uma relação extremamente artificial entre o médico e o paciente, bem como dificulta a relação entre eles, colocando o usuário numa posição de objeto e não de um sujeito ativo com quem ele está se relacionando.

É possível ter uma lógica em que medicação possa ser usada de forma colaborativa e importante, mas relativizando seu uso na história desse sujeito, em sua vida, como ele circula na sociedade, o que ele pensa. Isso é importante e o movimento da Luta Antimanicomial, do qual falaremos posteriormente, traz muito essa questão. Se você usa só a visão etiológica orgânica, anatomofisiológica (Canguilhem, 2006), fica muito centrado na doença e deixa de ver todas as potencialidades que esse sujeito tem como um todo.

Poderíamos relatar uma série de pesquisas que apontam os riscos do uso abusivo dos psicotrópicos, mas prefiro ser mais propositivo e vou passar a comentar sobre dois movimentos contemporâneos na área da saúde que podem ser alternativos ao processo de medicalização, modelo esse centrado na doença, o qual é chamado na saúde coletiva de "modelo biomédico" (Capra, 2006). Com relação aos movimentos, hoje em dia no Brasil existem dois grandes movimentos que se contrapõem a esse modelo.

O primeiro que constatamos é o Movimento da Luta Antimanicomial. Esse movimento, que já tem 25 anos, começando basicamente em 1987, em Bauru, SP. Ele nasce do movimento dos trabalhadores da saúde mental que foi fundado no Rio de Janeiro em 1978, mas só em 1987 incorpora em seus quadros os usuários e os familiares (Amarante, 2007). É quando se transforma de um movimento de trabalhadores em um movimento social, que se chamou de Movimento Nacional de Luta Antimanicomial.

A história do Movimento de Luta Antimanicomial tem uma grande influência da reforma italiana, em 1978, com a lei n. 180 na

Itália (Amarante, 2007). Os manicômios foram fechados e a Itália começou a pensar em uma rede alternativa, usando como referência o movimento italiano da Psiquiatria Democrática. Esse movimento teve como sua maior liderança o médico Franco Basaglia. Em seus escritos (Basaglia, 2005), ele detalha um pouco da implantação dos serviços substitutivos aos manicômios na Itália.

A criação dos centros de saúde mental na reforma italiana inspirou no Brasil os centros de atenção psicossocial (CAPS), assim como a visão de atendimento em rede que supera uma tradição centralizada nos hospitais e que nos faz pensar em outras questões como habitação, cultura e circulação dos usuários pelo seu território. Essas foram influências importantes para superar o processo que chamamos institucionalização (Rotelli, 2001).

A substituição do modelo, no Brasil, tem como novos serviços, além dos CAPS, as residências terapêuticas e os centros de convivência. Os centros de convivência ainda não fazem parte de uma política nacional, mas aos poucos estão ganhando outros estados, tendo sido criados em São Paulo, na época da gestão da prefeita Luiza Erundina (1989-1992).

A crítica ao modelo biomédico centrado na doença, uma característica da reforma psiquiátrica e que tem a ver com nosso tema, nos remete à reflexão de que, na medida em que o foco sai da centralização do tratamento em relação à doença e passa a focar o sujeito, quando se dá ao discurso do sujeito uma possibilidade de vida, para que se transforme, para que ele se ressignifique, então sua qualidade de vida, suas potencialidades de inclusão social aumentam significativamente.

O projeto terapêutico ligado à Luta Antimanicomial propõe a produção de novas subjetividades; são práticas intersetoriais, ou seja, não são especificamente projetos médicos, ou projetos psicológicos ou de qualquer profissão, mas projetos interdisciplinares, projetos da prática dos serviços substitutivos ao manicômio e que têm como marca as reuniões com toda a equipe clínica e as assembleias com os usuários desses serviços, para pensar num projeto de vida para esses sujeitos, e não só num projeto de tratamento, seja farmacológico ou psicoterápico. O objetivo é construir um projeto que colabore para sua inclusão social.

Essa é a grande questão que a atenção psicossocial traz. Só podemos entender a atenção psicossocial integrada aliando tanto a visão psicodinâmica como a própria visão medicamentosa, quando necessário. Se não houver essa integração, o projeto de vida e o projeto de tratamento ficam muito polarizados, portanto, essas ações em saúde mental têm de ser integradas em uma visão clínica interdisciplinar e sociopsicossomática.

Temos de pensar em moradia, educação, arte, lazer. Hoje, nos centros de atenção psicossocial, já existem vários projetos envolvendo essas questões. A própria residência terapêutica surge da demanda de o indivíduo poder morar em locais que não sejam um hospital, pois as residências terapêuticas, ao contrário do que muita gente pensa, não são serviços de tratamento, mas moradias; é uma conquista social do usuário em relação a seu direito de moradia, embora sejam oficialmente cadastradas no SUS como "Serviço Residencial Terapêutico".

Usuários que eram moradores de hospitais psiquiátricos, esses que estavam ou ainda estão morando em hospitais – e, é importante colocar que hoje moram ainda muitas pessoas em hospitais psiquiátricos do Brasil –, essas pessoas são retiradas dos hospitais e passam a ter um lar, ter uma moradia. Essa lógica tem a ver com a ampliação do projeto terapêutico no sentido de um projeto de vida; portanto, pensar onde esse indivíduo irá morar, onde ele circula, pensar as potencialidades do território, a integralidade dos serviços de saúde que pode ter nesse território, toda uma visão que o Movimento de Luta Antimanicomial trouxe.

E quanto ao Centro de Atenção Psicossocial, ele deve ser uma referência de saúde mental para o território, não deve ser um serviço para dentro, mas de dentro para fora, com suas ações feitas em maioria no território e não dentro do CAPS; pois o usuário acaba correndo o risco de ser institucionalizado caso ele seja deixado muito dentro do serviço.

Em 2008, fizemos uma pequena intervenção no Fórum Internacional de Saúde Coletiva, Saúde Mental e Direitos Humanos, no Rio de Janeiro, e trouxemos a ideia das fases da reforma. São tantas as informações sobre a reforma que organizá-la em fases nos pareceu uma forma didática de compreender melhor sua construção histórica.

A primeira fase é a formação do movimento social, o Movimento da Luta Antimanicomial, que foi (e está sendo) fundamental como instrumento para politizar e divulgar a reforma psiquiátrica brasileira.

A segunda é um marco legal, a lei n. 10.216, a partir da qual se iniciou a formação de uma oficialização - vamos chamar assim - de um projeto de defesa dos direitos dos usuários nos serviços.

A terceira fase foi a construção dos serviços substitutivos como política nacional, inclusive com pensamento de rede no território; porque apesar de a primeira rede antimanicomial ter sido formada em Santos, em 1989, sendo a mais conhecida, só a partir da lei n. 10.216 a política pôde ser nacional. Antes dessa lei, já existiam alguns CAPS, como o CAPS Itapeva, em São Paulo, os NAPS de Santos etc., mas uma política nacional que pudesse pensar nisso dentro da rede de serviços de saúde só apareceu na terceira fase, a partir do marco legal.

E a quarta fase é a mais contemporânea, que nos traz um desafio: a questão do trabalho. Depois de conseguir maior circulação dos usuários na sociedade, a reforma psiquiátrica deve permitir uma maior autonomia dessas pessoas por meio de projetos de geração de renda. Nesse sentido, tem sido importante a aproximação desse campo com o da economia solidária, o qual tem como foco a inclusão social e o consumo justo e ecológico.

O outro movimento é o das práticas integrativas, um movimento mais ligado às medicinas alternativas, mas que, no caminho da luta por sua legalização, incorporou várias outras práticas - daí seu nome, práticas integrativas -, além das tradicionais, como a homeopatia, a acupuntura e a fitoterapia. Esse movimento incorporou ainda a antroposofia, práticas corporais chinesas, entre outras. Tais *práticas* estavam à margem do SUS, e foram oficializadas na portaria de 971 (Brasil, 2006).

Embora tenha havido a oficialização da homeopatia, por volta de 1980, e da acupuntura, por volta dos anos 1990, quando ambas foram legalizadas como especializações médicas, apesar desse tempo de legalização dessas práticas, não se tinha uma política nacional para elas. Essas práticas, como acontece com o modelo antimanicomial proposto na reforma psiquiátrica, coloca o sujeito no centro do paradigma de atenção à saúde, e atuam não apenas no campo do tratamento mas também na promoção e prevenção da saúde das pessoas.

Nessas práticas, quando se vai fazer uma anamnese, é necessário que você busque outras informações que vão além dos sintomas da doença; e por quê? Porque no caso da homeopatia, o medicamento homeopático vem do cruzamento entre características constitucionais e os sintomas da doença trazidos pelas pessoas, de maneira que nisso implica como elas se alimentam, quais as disposições que têm em relação ao tempo (calor e frio), quais as questões emocionais que podem influenciar um processo mais psicossomático; ou seja, há uma série de perguntas que o homeopata faz e que são importantes para sua prescrição, além dos sintomas da doença em questão.

Um bom clínico geral da alopatia pode até fazer essas perguntas, mas, na hora de prescrever, vai levar mais em consideração os sintomas da doença. Os profissionais dessas práticas ditas integrativas irão proceder de forma diversa, já que sua visão de intervenção tem como base questões gerais ligadas ao cotidiano de cada pessoa.

Portanto, se o profissional que atua com as práticas integrativas, por mais que queira atuar no pragmático ou no sintomático como na alopatia, faz uma boa homeopatia, uma boa medicina chinesa clássica ou qualquer outra dessas práticas, sempre vai olhar para o sujeito de forma mais ampliada para conseguir realizar uma boa intervenção. E, com essa escuta ampliada, facilita obviamente uma relação diferenciada na relação médico-paciente. Com isso, resgata um pouco o humanismo que foi perdido na medicina ao longo do tempo.

A possibilidade criada é de ver a saúde e não apenas a doença, corresponsabilizando o sujeito por suas ações no seu cotidiano e por seu tratamento; ou seja, nas práticas integrativas, é importante que a pessoa, durante seu acompanhamento, possa não apenas se ver passivamente tomando um medicamento que vai melhorar a doença mas também pensar como um sujeito ativo num processo de promoção da sua saúde.

O próprio estilo de consulta dessas práticas já dá um diferencial em relação à alopatia, fazendo com que o indivíduo se pense, pense sua autonomia em relação ao seu próprio processo de saúde-doença. Isso é muito importante. Como na própria portaria n. 971 vem escrito, nessas práticas o processo de adoecimento do sujeito é compreendido "não apenas na dimensão biopatológica" mas também na observação desse processo como uma ruptura da integralidade da pessoa como um todo, pois em quase todas as pesquisas qualitativas com essas práticas tem sido dada relevância à dimensão do cuidado integral (Luz, 2007).

Um dos grandes problemas de afirmação dessas práticas no meio científico convencional é a dificuldade no campo das pesquisas. O tipo de pesquisa mais avançado hoje em termos de reafirmar o medicamento são os ensaios clínicos, que são os ensaios comparativos, duplo-cegos, randomizados. Esse é o padrão ouro atual do modelo biomédico. E em relação a essas medicinas, como elas não são centradas na doença, fica muito difícil comparar um de seus medicamentos ou uma de suas intervenções às ações do medicamento alopático, por exemplo. Na verdade, você não vai ter medicamentos como tem na alopatia, específicos para a doença, pois esses medicamentos ou outras intervenções desse tipo de prática não trabalham com o modelo biomédico. Por isso as pesquisas qualitativas têm avançado bastante nas práticas integrativas, e porque consistem em um tipo de pesquisa que coloca resultados baseados na escuta direta do sujeito, considerando toda sua singularidade. Muitas pessoas estão aderindo, aos poucos, a essas práticas e, o que é mais interessante, não estão só aderindo, mas estão tentando combinar a concepção alopática com a concepção das práticas integrativas. E isso é, sim, possível. Há algumas doenças que as práticas integrativas não conseguem curar porque o processo crônico-lesional já está muito avançado, o câncer, por exemplo. Nesses casos, as práticas podem ser usadas integradas com a medicina convencional.

Grande parte da demanda que vem hoje para as unidades básicas de saúde são demandas que as práticas integrativas poderiam resolver. São demandas de sofrimento básico com relação à saúde mental e às enfermidades físicas não graves como: amigdalite, cefaleia, depressão leve e moderada, dores musculares, para as quais poderiam ser pensados tratamentos com essas práticas antes do recurso do medicamento alopático.

É muito importante a incorporação das práticas integrativas no SUS – movimento que já vem ocorrendo há muito tempo –, pois fala de terapêuticas naturais que desde o movimento da contracultura se torna uma proposta para um novo estilo de vida (Luz, 2007), mas que só hoje no Brasil se legaliza como política pública.

Como se pode observar, as características desses dois movimentos têm semelhança na concepção do processo saúde-doença. A IV Conferência Nacional Intersetorial de Saúde Mental, em 2010, foi a primeira conferência intersetorial sobre o assunto; todas as anteriores tinham sido apenas de saúde mental e, nesta, vários outros atores entraram na discussão da saúde mental, entre eles pessoas que fazem parte do movimento das práticas integrativas. O povo brasileiro começa a perceber que um país com tanta biodiversidade poderia estar pesquisando bem mais a fitoterapia, a homeopatia, e fica muito refém dos laboratórios, das grandes indústrias, enquanto poderia fabricar uma série de alternativas naturais para seu povo.

Rosenbaum dispara em um dos seus escritos que a homeopatia "é uma prática antimanicomial" (2005). É surpreendente um homeopata não psiquiatra falar sobre essa relação entre a homeopatia e a luta antimanicomial. Mas o próprio inventor da homeopatia, Samuel Hahnemann, fez sua tese de doutorado na época, na Alemanha, com o título *As enfermidades da alma: os loucos* (Nassif, 1995). Hahnemann teve contato com os manicômios em sua época e já falava em seus livros da importância da escuta e do respeito aos direitos das pessoas com transtorno mental. E esse é apenas um dos exemplos da relação próxima das práticas integrativas com a saúde mental dentro da concepção de sujeito entre esses dois campos.

Trabalhos em conjunto com a saúde mental, esses existirão muitos daqui para frente, em relação ao movimento de práticas integrativas que, aos poucos, vem se incorporando na formulação da nova concepção de saúde mental dentro dos conceitos da reforma psiquiátrica brasileira, ampliando com essa um modelo inovador de projeto terapêutico: um projeto de sujeito, um projeto singular de vida.

Referências

AMARANTE, P. *Saúde mental e atenção psicossocial.* Rio de janeiro: Fiocruz, 2007.

BASAGLIA, F. *Escritos selecionados em saúde mental e reforma psiquiátrica.* Rio de Janeiro: Garamond, 2005.

BRASIL. Ministério da Saúde. Portaria n. 971, de 3 de maio de 2006. Aprova a Política Nacional de Práticas Integrativas e Complementares (PNPIC) no Sistema Único de Saúde [Internet]. Diário Oficial [da] República Federativa do Brasil, Brasília (DF), 4 maio 2006 [citado 8 mar. 2008]. Disponível em: <http://portal.saude.gov.br/portal/arquivos/pdf/PNPIC.pdf>.

CANGUILHEM, G. *O normal e o patológico*. Rio de Janeiro: Forense Universitária, 2006.

CAPRA, F. *O ponto de mutação*. São Paulo: Cultrix, 2006.

CARLINI, E. A.; NOTO, A. R.; NAPPO, S. A.; SANCHEZ, Z. V. D. M.; FRANCO, V. L. S.; FRANCO-SILVA, L. C.; SANTOS, V. E.; ALVES, D. C. "Fluoxetina: indícios de uso inadequado". *Jornal Brasileiro de Psiquiatria.* , v. 58, p. 97-100, 2009.

LUZ, M. T. *Novos saberes e práticas em saúde coletiva*. São Paulo: Hucitec, 2007.

NASSIF, M. *Compêndio de homeopatia*. São Paulo: Robe, 1995.

ROSENBAUM, P. *Homeopatia:* medicina sob medida. São Paulo: Publifolha, 2005.

ROTELLI, F. et al. *Desinstitucionalização*. São Paulo: Hucitec, 2001.

A fantasia de medicalização: Suas origens, sua força e suas implicações

Luís Cláudio Mendonça Figueiredo

Boa-noite! Queria de início agradecer a presença de vocês e o convite para este *Encontro*, e ainda ao Pedro pelas informações que nos trouxe; quero também expressar a minha afinidade com o tipo de proposta e com o tipo de pensamento que ele acaba de desenvolver[1].

Depois dos agradecimentos devo confessar minha perplexidade em relação ao que iria dizer aqui hoje. Eu aceitei esse convite porque sou um velho amigo desse departamento, já estive aqui em algumas oportunidades, colaborando, falando. Vários dos professores desse departamento já assistiram regularmente às minhas aulas, alguns foram ou são orientandos meus e eu tenho grande estima por essas pessoas e por esse conjunto de psicanalistas. Aceitei por isso, e depois fiquei às voltas com o que eu poderia dizer. Eu nem sou um estudioso dessa questão específica - a da medicalização -, e tampouco um estudioso da sociedade e da cultura - não sou nem sociólogo, nem antropólogo ou historiador, por exemplo. Embora, naturalmente, eu possa ter algumas ideias, como todos nós, a respeito desses temas.

Minha opção foi tentar falar estritamente a partir do meu campo, a psicanálise, e de uma determinada elaboração (ou de certa derivação da psicanálise, que eu vou tentar apresentar

1 Mantidas no texto as marcas de oralidade no discurso, conforme esclareceram as organizadoras no texto de introdução (N. do E.).

resumidamente para vocês; é no que eu venho trabalhando ultimamente. Trata-se de uma "teoria geral do cuidado" (Figueiredo, 2009a). É dentro desse contexto que vou falar sobre a medicalização e não, notem bem, sobre as medicações; eu não tenho nada contra as medicações, contra os aportes das medicinas aos tratamentos de doenças físicas e psíquicas. Não tenho nada contra medicações e contra médicos e faço frequentemente encaminhamentos de alguns pacientes meus para atendimento psiquiátrico. Outros, atendo a partir de encaminhamentos de psiquiatras, e com os pacientes seguindo prescrições medicamentosas, paralelamente ao trabalho analítico ou psicoterapêutico, ao longo dos anos.

Assim, eu vou tentar falar da *medicalização* em parte como um fenômeno social bastante significativo e preocupante, como foi apresentado aqui na abertura do *Encontro*, e, do meu ponto de vista, como uma *fantasia*. Em outras palavras, vou tratar da *fantasia da medicalização*, inclusive porque não tenho os dados empíricos tal como o Pedro pôde nos trazer. Mas mesmo se os tivesse, enquanto psicanalista, creio que minha contribuição pode ser mais interessante falando da medicalização enquanto *fantasia*, melhor dizendo, como a manifestação de uma *fantasia inconsciente* e socialmente difundida.

Começarei, então, com uma breve apresentação da teoria geral dos cuidados para depois entrar nos itens "práticas de cuidados", "medicalização" e "sociedade", tentando atender um pouco ao pedido dos que conceberam esta mesa redonda; finalmente, vou falar a respeito do que poderia ser uma concepção integrada e não normativa de saúde à qual a teoria de cuidados pode se articular – este tema foi plenamente desenvolvido no artigo "Cuidado e saúde: uma visão integrada", publicado na revista *Alter* (Figueiredo, 2011b), ao qual remeto o leitor interessado. Para tanto, vou recorrer a Winnicott (principalmente, mas não só); vou enfocar, particularmente, um artigo de Winnicott (1967), "The concept of a healthy individual" (O conceito de uma saúde individual), um texto que não é um dos mais estudados e que fala exatamente a respeito do que pode e precisa ser uma concepção não normativa de saúde, ou seja, uma visão que não parta de uma oposição entre saúde e doença.

Esse meu interesse no campo dos cuidados deriva, em primeiro lugar, da minha ideia de que a psicanálise tem que ser inserida no terreno das práticas de cuidados, embora ela tenha especificidades que precisam ser elaboradas, aprofundadas, bem delimitadas. Isto é, tanto precisamos inserir as práticas analíticas no terreno maior dos cuidados – o que me parece indispensável, entre outras coisas, para propiciar cruzamentos fecundos com outras formas de intervenção na saúde, na educação etc. – quanto precisamos entender com o máximo de clareza a estrutura e a dinâmica da "situação analítica" em sentido estrito. Mas isso eu não vou fazer aqui, pois já fiz em outro lugar (Figueiredo, 2011a).

Entender a psicanálise como inserida nesse campo das práticas de cuidados me leva a pensar em uma ideia mais ou menos abrangente de cuidado. Penso que quando falamos em "cuidado" estamos no campo de ocupações e preocupações recíprocas, no qual dependência e interdependência são tomadas como fatos da existência. Eu diria, é o mais próprio da nossa condição humana.

Indo além de explicações biológicas ou psicológicas, não diria que o homem não sobrevive sem cuidados, eu diria que ele não existe fora desse campo de cuidados recíprocos. Sem cuidados recebidos e oferecidos, a existência não se constitui enquanto existência humana.

Tomo então aqui o conceito de existência como uma abertura ao mundo regido por ocupações e preocupações de cuidados recíprocos. Esse é o meu pressuposto, digamos filosófico, filosófico num sentido amplo e nada rigoroso, pois entre as muitas coisas que não sou, cabe também dizer que não sou filósofo.

Isso é que vai me permitir pensar a interface da psicanálise com outras práticas de cuidados, como as práticas socioculturais em sentido lato, que são práticas integradas e integradoras de cura. Em toda a sua variedade, ou seja, no campo da educação, da saúde, da produção das bases materiais da existência, e, ainda, em contextos mais amplos, em termos da inserção social, como as práticas de amizade, de hospitalidade; pois bem, dentro de todos esses planos a psicanálise tem algo a dizer que, se por um lado lhe é específico, ao mesmo tempo permite e enriquece essas áreas de interface.

Para a montagem dessa teoria geral do cuidado eu achei necessário fazer uma coisa que, aliás, faço continuamente nos meus cursos e na minha clínica particular, que é o atravessamento dos paradigmas. O primeiro capítulo do meu livro *As diversas faces do cuidar* (2009a) trata exatamente do momento atual da psicanálise, e da necessidade imposta, seja pelo "estado da arte" (possibilidades abertas e desafios ao pensamento psicanalítico na virada do século), seja pelas demandas psíquicas e sociais às quais nós temos de responder em nossos consultórios e demais campos de atividade, de promover o "atravessamento dos paradigmas". Do que estou falando? Estou falando de paradigmas como o "paradigma da pulsão" e o "paradigma das relações de objeto", "o paradigma da fantasia" e o "paradigma do trauma", o "paradigma da dependência e da necessidade" e o "paradigma do desejo". Todos esses "paradigmas" organizaram e foram predominantes no movimento psicanalítico no período das escolas, das grandes escolas de psicanálise, ao longo do século XX. Penso que a partir das décadas de 1980 e 1990, e entrando pelo século XXI, começa a aparecer o que eu chamo de era pós-escolar, ou transescolar. Tenho muita estima pelos pensadores do "atravessamento dos paradigmas", por exemplo, pela produção do André Green (recentemente falecido) e pela obra de Roussillon, que esteve recentemente aqui entre nós, e voltará em maio deste ano (2012).

A partir dessa possibilidade de atravessarmos esses paradigmas – e para isso nós, inclusive, precisamos de uma lógica que também me parece fundamental e que devemos a Winnicott, que é a lógica do paradoxo[2], coloca-se uma questão: como é possível, por exemplo, pensar as posições e funções do objeto primário na constituição

2 Um dos capítulos do meu livro *As diversas faces do cuidar* (Figueiredo, 2009b) trata justamente desta lógica, desde um vértice winnicottiano, mas abrangendo todo o campo da psicanálise.

subjetiva, simultaneamente, a partir da pulsão e da relação do objeto? O mesmo se aplica aos demais paradigmas em suas supostas oposições. Na teoria geral dos cuidados, eu tento identificar as variadas posições e funções do objeto primário e dos seus substitutos tanto externos quanto internalizados na constituição, reconstituição e manutenção dos psiquismos, e para isso os aportes de todos os paradigmas acima mencionados se mostram indispensáveis.

Breve e esquematicamente, pois não é esse o foco da presente comunicação, o que sugiro no capítulo "A metapsicologia do cuidado" (2009a), e retomo e desenvolvo no artigo "Saúde e cuidado: uma visão integrada" (2011b) é a retomada de uma ideia que já sido proposta em um capítulo do livro *Ética e técnica em psicanálise* (Figueiredo, 2008): trata-se de pensar a simultaneidade paradoxal da presença do analista como presença implicada e presença em reserva. Eu vi que essa ideia de presença implicada e da presença em reserva podia ser reaproveitada para tratar desses processos básicos de constituição do psiquismo e nas funções do objeto primário. Em termos de implicação, por exemplo, acho fundamental pensar que o objeto primário tem tarefas de sustentação, (*holding*), e de continência, (*containing*), noções que aparecem de forma decisiva nas obras de Winnicott e Bion.

Vejo também que o objeto primário tem uma tarefa fundamental, desde o primeiro momento, desde a primeira hora, desde o primeiro minuto de vida de um recém-nascido e ao longo de toda a nossa história, que envolve a função de reconhecer, a função de identificar, e nomear afetos, necessidades, tendências, angústias e desejos, bem como reconhecer o próprio processo de integração de si mesmo, de constituição do self. Claramente, aqui as minhas principais referências no campo da psicanálise são Kohut e Winnicott, sendo que recentemente o psicanalista francês François Richard vem elaborando de forma muito profunda e detalhada toda esta problemática do reconhecimento.

E, "finalmente", mas no mesmo grau de importância porque eu não coloco essas funções numa escala de importância e muito menos numa sequência temporal (daí as aspas em "finalmente"), pois todas as funções são fundamentais desde o começo e sempre, eu identifico funções que chamo de *interpelar, convocar* e *despertar*. Aqui autores que me ajudam a pensar nessa função interpelativa, convocatória e despertadora do agente de cuidados: são, por exemplo, Green e Laplanche na França, e uma autora de que eu gosto muito, na Inglaterra, que é Anne Alvarez; ela criou um conceito clinicamente muito importante em alguns tratamentos, mas que eu acho que é fundamental também na constituição psíquica: trata-se do conceito de *reclaiming*, reclamação. É preciso que o agente de cuidados *reclame*, que ele chame, convoque seu objeto para que este "venha a ser".

Dentro dessa teoria que estou tentando elaborar, é fundamental o equilíbrio dinâmico entre essas *funções de implicação*. Nos contextos já mencionados (Figueiredo 2009a; 2011b), tento identificar os graves danos que podem ocorrer quando alguma dessas funções se torna exclusiva ou mesmo excessivamente dominante, em detrimento das demais; hoje não vai ser possível aprofundar muito esse ponto.

Mas não podemos esquecer a presença reservada. Aqui não caberia, a rigor, falar em tarefas, pois não é bem de "tarefas" que se trata. A *reserva* do agente cuidador, a reserva do terapeuta, por exemplo, não implica ele *fazer coisas*, mas *deixar que coisas aconteçam*. Aqui, fundamentalmente, a reserva é a possibilidade de espera e de aposta, de manter-se ao lado, acompanhando processos e experiências; é a espera de que algo venha a ser ao seu devido tempo, com o seu ritmo, com a sua fisionomia e com as suas características mais próprias e menos violentadas; e é a aposta no sentido de um investimento libidinal necessário para que o objeto de cuidados possa "vingar".

Finalmente, há um tema que me parece igualmente importante e que é o da mutualidade; ou seja, não há nenhum objeto de cuidado que também não se constitua *cuidando*. Isso se aplica em todos os níveis, e mesmo quando há, aparentemente, as maiores assimetrias. Afinal de contas, a assimetria entre um recém-nascido e o mundo adulto que o cerca, aparentemente, é quase insuperável e, aparentemente, é apenas o mundo adulto que tem funções cuidadoras. No entanto, a partir de um texto que eu acho fundamental do Harold Searles ("O paciente como terapeuta de seu terapeuta"), e de textos de Winnicott e de Balint, vemos que as tarefas de cuidar também são e precisam ser realizadas por sujeitos que, em princípio, seriam apenas "objeto de cuidado". Toda essa questão da mutualidade, da reciprocidade e das trocas foi bastante trabalhada no texto de 2011 (Figueiredo, 2011b).

Depois de tentar identificar esses temas dentro de uma teoria geral do cuidado, eu tentei também falar um pouco dos desvios e extravios no cuidado, porque não é absolutamente simples e não é absolutamente garantido que boas intenções cuidadoras produzam bons efeitos.

O texto de 2009 termina tentando, a partir desse embrião de uma teoria geral do cuidado, expandir-se na direção de uma teoria da cultura, de uma teoria em que agentes e pacientes se reúnam e se articulem na produção de formas, fenômenos e objetos culturais cujas funções de cuidado cada vez mais me chamam atenção. Por exemplo, acho que é possível interpretarmos tanto o funcionamento saudável como graves problemas da vida institucional, identificando em que medida as instituições falham, por exemplo, na sustentação da mutualidade ou da integração, como tanto enfatizou quem me precedeu nesta mesa. Mas não só a vida institucional, pois, por exemplo, as obras de arte, seja para aquele que as produziu, seja para aquele que vai fruí-las, precisam ser pensadas em suas ações cuidadoras. Essa é uma dimensão do fazer artístico e da experiência estética que frequentemente passa despercebida.

É a partir daí que eu me sinto capacitado a falar alguma coisa a respeito da medicalização e da sociedade. Começaria dizendo que entendo – e isso não tem originalidade alguma, está cheio de gente falando a mesma coisa, com diferentes conceitos, ou nomes ou jargões – o regime social contemporâneo como um regime extremamente tomado pela *fantasia da administração*, pela *fantasia do controle*, que atribuem superpoderes mágicos a determinadas técnicas e instrumentos, em detrimento das práticas de cuidados mútuos e recíprocos. No bojo dessa fantasia de administração e controle é que emerge com uma força quase que incontrolável, a *fantasia da especialização*; ou seja, vem à tona e adquire certa dominância a ideia da especialização dos cuidados, no lugar em que deveria imperar a ideia (democrática) da troca de cuidados. No fundo, é essa concepção que muitos de nós estamos combatendo e é desse combate que surge a crítica à medicalização, com a qual eu me sinto completamente afinado. É um combate duro e em parte inócuo - ainda que sempre necessário -, porque a favor da medicalização caminha a tendência dominante: dentro do contexto ideológico da vida administrada, é natural que predomine a fantasia do controle minucioso das operações de cuidado, para que elas se tornem mais e mais especializadas e, assim, mais eficazes, mais rápidas, mais conclusivas.

Isso estabelece um claro confronto com a ideia de integração e, mais ainda, com a ideia de reciprocidade que, no meu entender, são intrínsecas à noção de saúde que nos compete abraçar (Figueiredo, 2011b). Quanto mais o sujeito se torna especialista e, portanto, uma sumidade quase que incompreensível, uma espécie de semideus onisciente e onipotente, que dita e decide, menos ele vai se mostrar na sua vulnerabilidade, na sua carência e na sua necessidade de também ele ser objeto de cuidado do outro. Enfim, eu acho que uma boa maneira de pensar a medicalização (e não a medicação) é vê-la como um dos extravios do cuidado.

A *medicalização* é a fantasia que supõe, em primeiro lugar, que determinados agentes ou determinados produtos culturais (porque a droga também é isso, além de ter as dimensões químicas que produzem tais e quais efeitos) detêm superpoderes, efeitos mágicos. Essa crença de que drogas específicas e agentes específicos possam operar no campo da "saúde" parece que é uma das emergências marcantes no campo das fantasias compartilhadas.

Em outras palavras, entendo que vivemos numa cultura técnico-científica organizada a partir de muitas cisões; basicamente, só para dar uma ideia geral, a onipotência fica de um lado e a impotência e o desamparo ficam de outro. (Até a hora em que o médico adoece, e aí a coisa, naturalmente, muda de figura, sem alterar radicalmente a crença nos poderes da medicina ultraespecializada). Entre a onipotência e a impotência não há mediação, ou seja, há uma perda absoluta, dentro da fantasia da medicalização, da dialética entre a implicação e a reserva e da dialética entre agente e paciente; há, na verdade, uma absoluta cisão de posições e de polaridades, sem lugar para a mutualidade e a reciprocidade, e onde a questão da confiança, um tema que eu vou desenvolver daqui a pouco, e que é absolutamente fundamental para a saúde (Figueiredo, 2009a; 2011b), acaba sendo muito mal resolvida.

A partir daí fui procurar no já citado "The concept of a healthy individual", de Winnicott (1967) - um texto, portanto, relativamente de final de vida -, subsídios para aprofundar a compreensão da *fantasia de medicalização*. O livro *Home Is Where We Start From* (*O lar é de onde começamos*), do qual esse artigo é um dos capítulos, é uma coletânea de textos não dedicados a uma plateia de especialistas - Winnicott tinha essa coisa maravilhosa, de levar a psicanálise a outras áreas e a outros profissionais, para mães e pais, para os programas de rádio, enfermeiras, médicos, assistentes sociais etc. Esse texto, enfim, é um capítulo pequeno, relativamente fácil de ler; como sempre, Winnicott engana, pois é mais complexo e denso do que parece; sua linguagem é intencionalmente uma linguagem para ser compreendida, ele não fala para não ser entendido, mas isso não o torna um pensador ingênuo e simplório.

Em primeiro lugar, destaco nesse texto do Winnicott de 1967 que é preciso pensar saúde e doença sem que se recorra a critérios de normatividades e de uma mera oposição entre saúde e doença. Winnicott vai continuamente insistir na ideia de que a saúde não exclui estados de doença, às vezes passageiros e próprios da idade, outras vezes mais duradouros; na saúde, o organismo consegue conviver com doenças. Segundo, e em decorrência: aquilo que é, por exemplo, uma afecção somática e psíquica, pode fazer parte da saúde; se a doença não acontecer, aí sim é que nós podemos ficar preocupados com a possibilidade de estar ocorrendo o que ele chama de *fuga para a sanidade*. Mais adiante retomarei essa noção, pois ela nos lançará mais luzes sobre a fantasia de medicalização. Por enquanto, fiquemos com a ênfase de Winnicott em falar na saúde individual em termos daquilo que é singular, que é próprio e processual de cada desenvolvimento de *self*, de cada desenvolvimento somático e psíquico, o que inclui as doenças de cada um.

Outro ponto marcante nesse texto é que, para Winnicott, é impossível falar em saúde do indivíduo sem falar nas relações do indivíduo com o meio, com o seu ambiente. A saúde é uma forma de interação extremamente complexa, rica e criativa do indivíduo com o seu ambiente. A saúde não reside "dentro" do sujeito, ela está no seu campo de relações com o ambiente, e isso envolve outros agentes, e também envolve instituições e fenômenos e processos culturais. Nessa relação do indivíduo com a saúde e com o ambiente, a saúde está diretamente ligada à questão da confiança. Winnicott não é o único, pois Balint, antes dele, ia na mesma direção. Ambos dão uma contribuição importantíssima para o pensamento psicanalítico ao enfatizar a importância da confiança: a confiança do sujeito no objeto, a confiança do ambiente no sujeito e a confiança que o sujeito pode interiorizar desde que ele encontre, digamos assim, suportes no mundo para que essa confiança interna possa ir se constituindo. Trata-se de uma confiança de que o ambiente, ou o objeto, vão respeitar, reconhecer, dar sustentação e continência, interpelar o sujeito na justa medida, e mantendo-se em reserva. Aí entra toda aquela minha identificação das funções do objeto primário. Eu diria que é a confiança do indivíduo no ambiente e no objeto que permite que o sujeito usufrua efetivamente de todas essas funções que nós nos proporcionamos continuamente quando vivemos relativamente bem conosco e com os outros em um regime de justa troca de cuidados.

Assim, a ideia de saúde para Winnicott está profundamente ligada a um processo de integração que não exclui momentos de não integração (regressiva) e que respeita também os momentos de desintegração (defensiva). Ele não "condena", não "demoniza" os momentos de desintegração defensiva (que é o sentido de muitos *adoecimentos* somáticos e psíquicos), pois tudo isso faz parte da saúde enquanto processo de constituição e reconstituição criativa, tanto no plano de vida pulsional quanto no plano egoico. É muito interessante, em especial, como Winnicott vai identificando o que é a *saúde* nos processos de constituição, seja dentro do eixo libidinal, seja também naquilo que precisa estar ocorrendo no campo narcísico e da formação do *self*. E ele então diz coisas bem interessantes, como: um adolescente que não se rebele, que não brigue, que não fique cheio de dúvidas sobre a sua sexualidade, sobre a sua identidade, um adolescente que não viva um problema seriíssimo de constituição, isso não é bom, isso não é sinal de saúde, pelo contrário; todas essas "encrencas" fazem parte daquilo que são os sofrimentos e padecimentos absolutamente necessários e inevitáveis – saudáveis – nesse período. Em outras palavras, ele fala de "sofrimentos saudáveis", crises saudáveis, adoecimentos saudáveis, que são próprios à idade, à circunstância.

Essa ideia de *saúde*, portanto, inclui o sofrimento, e mais do que incluir sofrimento, está diretamente ligada à capacidade de o sujeito sentir, sejam os maiores prazeres, seja também grandes dores e angústias; e tanto perseguir seus desejos, como também reconhecer a força de suas ansiedades primitivas; tudo isso para Winnicott é próprio da saúde. Tais posições vão caracterizar esse momento kleiniano do pensamento do autor, porque para elaborar tais ideias, obviamente, ele precisa recorrer a Melanie Klein e ao conceito de "posição depressiva", o que efetivamente faz.

Então, a *saúde*, entendida a partir de Winnicott, tem a ver exatamente com essa possibilidade de uma integração que não é nada estática, que é sujeita a oscilações, a momentos de ruptura, a dores e mobilização de defesas. Saúde não exclui alguma turbulência, no que Winnicott se aproxima de Bion.

Há outro autor que Winnicott não cita, obviamente porque ele não o conhecia nem podia conhecer na época, e que também toma pé nesse tema kleiniano da posição depressiva e dá a ele outro estatuto com seu conceito de *depressividade*; são elaborações, inclusive, diretamente ligadas à problemática da medicalização e da fantasia da medicalização; trata-se de Pierre Fédida (2001), que, certamente, é um dos pensadores da psicanálise que mais se dedicou à crítica da medicalização ou da medicação excessiva, imprópria ou inadequada, mas, principalmente, à fantasia da medicalização como uma fantasia de onipotência; e mais, como uma fantasia de que é possível viver bem desde que você não se angustie, desde que você não sofra. A *fantasia da medicalização* difunde a crença de que a substância química vai livrar o sujeito do sofrimento o mais rapidamente possível: seria um tratamento rápido, indolor e que dispensa trabalho.

Hoje eu atendi, pela segunda vez, um paciente que me contava, até certo ponto satisfeito, que quando ocorreram determinados fatos muito traumáticos na vida dele, não sofreu. Isso foi há, mais ou menos, dez anos e agora ele está numa crise violenta e não sabe por quê. Aparentemente, não pode fazer o luto, não pode sofrer, não pode entrar em contato com a perda; com toda a movimentação pulsional então deflagrada e negada, tanto libidinal quanto agressiva, não pode encarar os graves danos narcísicos associados aos traumas. Então, aparentemente, ele atravessou com grande competência aquilo que ele mesmo expressou dizendo: "para minha surpresa, eu atravessei aqueles momentos com muita facilidade", e ele não faz a menor ligação, o que eu propus nessa sessão de hoje, entre aquilo que ele atravessou com absoluta facilidade e uma coisa que "vem do nada" e que o está derrubando numa depressão. E agora não se trata de uma "depressão" própria ao trabalho de luto, de elaboração, mas de uma depressão muito destrutiva, muito esvaziadora, dez anos depois. O que faltou a ele, dez anos atrás, foi a condição da *depressividade*.

Em outras palavras, a noção de *depressividade* de Fédida nos ajuda a pensar em como na constituição de uma subjetividade saudável é fundamental essa possibilidade de entrar em contato, de sofrer e de padecer. Na sua ausência, o sofrimento torna-se intolerável e precisa ser negado. É a partir desse ponto que podemos começar a compreender as origens e a força das fantasias de negação, como a fantasia da medicalização, pois é em contraposição à capacidade do indivíduo de sofrer, e modular o sofrimento com seus recursos psíquicos - parte indispensável da saúde -, que Winnicott realmente identifica algo muito preocupante: a *fuga para a sanidade*. Como estávamos na segunda sessão não poderia ficar falando muito e soltando interpretações intempestivas, mas a impressão que eu tinha é que o paciente acionara um mecanismo de cisão muito violento, em que ele usou toda a sua fantasia de onipotência para fugir para a sanidade. Não sei ainda se tomou ou não tomou alguma medicação na época, mas provavelmente tomou, alguém deve ter falado: "Por que você não toma um rivotrilzinho aí? Facilita um bocado, você vai ver". Provavelmente alguma coisa assim pode acabar acontecendo, mas na fuga para a sanidade, com ou sem remédio, segundo Winnicott, aí sim está o problema, aí sim está alguma coisa que nada tem a ver com saúde da maneira como ele a vinha identificando.

Assim, posso voltar ao tema da *fantasia da medicalização*, como a fantasia que coloca ao alcance do freguês de qualquer farmácia, de qualquer receita, a fuga para a sanidade, no seu aspecto fundamental de não saúde, melhor dizendo, de negação da saúde, pois a crença nos poderes do remédio vai contra qualquer possibilidade de retomada do processo de crescimento psíquico e de elaboração da posição depressiva. Trata-se, como sempre, de um lugar de refúgio narcísico em que a onipotência infantil se mantém encastelada e deixa o indivíduo fazendo transferência - uma transferência pré-objetal, narcísica e autoerótica - apenas com este pseudo-objeto, o remédio[3].

Em resumo, pensando a partir de Winnicott e pensando a partir do que eu vim expondo para vocês, eu diria que a saúde do indivíduo inclui sempre a remissão, primeiro ao mundo pessoal, que é o mundo dos cuidados recíprocos entre os quais os cuidados médicos; inclui, em um segundo momento, o mundo pessoal, ou o mundo interno, que é o da vida subjetiva, com a dimensão da depressividade, essa dimensão psíquica que assegura a possibilidade de fazer contato e elaborar afetos e representações, às vezes extremamente intensos e dolorosos; isso tem a ver, está lá, inclusive no texto do Winnicott, embora quem o enfatize bastante seja Bion, com o sonhar, a produção de sonhos. Estamos falando de algo fundamental para um mundo interno vivo, rico e criativo. E, finalmente, a saúde implica em uma remissão ao mundo da experiência cultural, que é também um mundo de cuidados, que são os cuidados simbólicos do sonhar e do brincar compartilhados como formas e objetos transformacionais (cf. Figueiredo, 2011b).

Pois bem, isso daí, para mim, é *saúde*, uma forma de cultivarmos o trabalho psíquico contínuo de elaboração de uma maneira mais integrada, com todos os seus percalços. Em outras palavras, a saúde do indivíduo se situa entre práticas do cuidado interpessoal, seja no plano mais direto, seja no plano simbólico e cultural, e é concebida ela mesma em termos de cuidado. O sonho, por exemplo, tem uma função multicuidadora. Quando um paciente me traz um sonho eu posso até, quem sabe, ajudá-lo aqui ou ali com alguma interpretação, principalmente uma interpretação que não mate o sonho, uma interpretação que não interrompa o processo de sonhar, uma interpretação que não fulmine, digamos, a

3 Não nos resta muito tempo para encerrar, mas cabe assinalar numa nota de rodapé a necessidade de aproximar a fantasia de medicalização e o uso indiscriminado de remédios e, indo ainda mais longe, os fenômenos da drogadicção.

capacidade de sonhar, mas, ao contrário, uma interpretação que, de uma forma ou de outra, possa contribuir para o desenvolvimento dessa capacidade, porque o sonho em si, independentemente de qualquer interpretação, cuida da gente, ele nos surpreende, ele nos interpela, ele nos questiona, ele nos dá sustentação e continência e ele nos permite avançar em um processo de reconhecimento. Tudo isso exige tempo e trabalho, o que é impossível caso o sujeito sucumba à própria onipotência infantil, protegendo-a, por exemplo, com uma *fantasia de medicalização atuada*: impregnando-se de medicamentos ou recorrendo a eles cada vez que uma dor se anuncie.

Pensando a saúde nesses termos, eu diria que a *fantasia de medicalização* (atuada por alguns indivíduos, mas difundida em todo o corpo social contemporâneo) não apenas está em oposição à saúde, como ela é o absoluto antagônico das práticas de cuidado, tal como eu as concebo, intrinsecamente associadas à noção de saúde, física e mental.

Referências

FÉDIDA, P. *Dos benefícios da depressão*: elogio da psicoterapia. São Paulo: Escuta, 2001.

FIGUEIREDO, L. C. "Presença, implicação e reserva". In: FIGUEIREDO, L. C.; COELHO JÚNIOR, N. *Ética e técnica em psicanálise*. 2. ed. São Paulo: Escuta, 2008.

FIGUEIREDO, L. C. "Metapsicologia do cuidado". In: *Diversas faces do cuidar*. São Paulo: Escuta, 2009a.

FIGUEIREDO, L. C. "A lógica paradoxal na teoria e na prática da psicanálise". In: *Diversas faces do cuidar*. São Paulo: Escuta, 2009b.

FIGUEIREDO, L. C. "A situação analisante e as variedades da clínica contemporânea". In: *Revista Brasileira de Psicanálise*, v. 45, n. 1, 2011a, p. 99-111.

FIGUEIREDO, L. C. "Cuidado e saúde: uma visão integrada". In: *Alter*, v. 29, n. 2, 2011b.

WINNICCOTT, D. W. "The concept of a healthy individual". *Home is where we start from*. Nova York/Londres: Norton and Company, 1967.

Medicalização e sociedade: Efeitos de cultura, efeitos de sujeito

Joel Birman

O tema que me foi proposto para este seminário[1] é medicalização e sociedade. Para nossa discussão de hoje, penso que é interessante revisar os efeitos de cultura, de sujeito, ligados ao processo de medicalização. Vou tentar, de certa maneira, localizar a construção da problemática da medicalização e para isso retomarei o pensamento de Foucault como um grande pensador da medicalização. De qualquer forma, só como um ponto de partida em relação à nossa contemporaneidade, quero dizer que o discurso da medicalização se apresenta na produção mediática todos os fins de semana, nos grandes jornais sempre aparece uma matéria destacada sobre a medicalização. Os jornais do Rio de Janeiro, de São Paulo, no Brasil, ou de outros países, trazem sempre matéria, pelo menos semanal, sobre medicalização. Por exemplo, o jornal *O Globo* publicou, na semana passada[2], um desses artigos, que saem sempre aos domingos, com uma mensagem algo próxima de: "Façam coisas simples para poderem aumentar a sua longevidade" e em seguida havia uma lista de indicações variadas e de práticas alimentares que aumentariam a vida. Tinha duas coisas, como sugestão para os leitores, que achei muito interessantes. Sugeria, para aumentar a vida, ter relações sexuais, porque é bom

1 Mantidas no texto as marcas de oralidade no discurso, conforme eslareceram as organizadoras no texto de Introdução (N. do E.).

2 Ano de 2012, em que o Departamento Formação em Psicanálise do Instituto Sedes Sapientiae, promoveu o evento Psicanálise, Medicalização e Sociedade (N. do E.).

para saúde, e rir, também porque é bom para saúde. O que chama a atenção é que essas indicações aparecem como pequenas notações normativo-comportamentais; quer dizer, há uma prescrição para fazer exercício sexual dada da mesma forma em que há uma indicação para fazer um exercício em uma academia de ginástica; e da mesma forma fazer o exercício de rir, como uma boa indicação para a saúde. Nesse fragmento jornalístico está, de uma maneira condensada, e um tanto quanto anedótica, a extensão dessa espécie de montagem medicalizante que aparece na mídia e a maneira como certos temas, tais como a alegria ou o erotismo, são tratados nessa grade medicalizante.

De qualquer forma, e para um efeito de contraste, eu afirmo que os referenciais da medicalização no campo da psiquiatria já penetram fartamente no dispositivo psicanalítico hoje. Quer dizer, produz um efeito importante que já está localizado. Queria só destacar um aspecto que me parece muito interessante, que é o seguinte: a forma pela qual o limiar de convivência dos psicanalistas com a angústia diminuiu marcadamente, se comparado ao que acontecia há cinquenta anos.

Não estou entrando aqui em detalhes de escola, se uma escola faz isso, ou se a escola deve fazer aquilo, não quero entrar nesses problemas de bastidores, mas o que observamos claramente no campo é que os analistas, desde o final do século XX, tem progressivamente suportado menos o convívio com esse elemento básico da experiência analítica que é a angústia.

A angústia sempre foi para Freud o motor da análise. Para Freud era preciso manter a angústia funcionante, para que a análise pudesse se sustentar, razão pela qual, ou uma das razões pelas quais, Freud preconizava a dita regra da abstinência. Abstinência para quê? Para manter a angústia sustentada. Assistimos, desde o final do século passado, a uma progressiva dificuldade por parte dos analistas de conviverem com a angústia, há uma baixa do limiar de tolerância a ela, como se um aumento dessa angústia implicasse uma necessidade de medicação, seja que o psicanalista passasse a medicar os seus pacientes – o que, aliás, se há cinquenta anos era impensável, hoje esta prática vem se tornando comum – seja que ele indique um psiquiatra ou um colega para medicar o seu paciente.

Essa nova economia da angústia acarreta uma mudança efetiva, decisiva, me parece, na maneira pela qual a experiência analítica se passa longe da angústia por meio dessa medicação. Interpreto esse modelo como uma incorporação, dentro do dispositivo analítico, do dispositivo médico; é um efeito disso. Sem contar, evidentemente, o fato do número crescente de analistas que se automedicam; e esse é um elemento que não podemos ignorar.

Então, o efeito da diminuição do limiar de angústia implica, na experiência de si, uma diminuição desse limiar na experiência do próprio analista e em sua experiência na clínica.

Enfim, para mostrar um certo ponto de chegada de um processo de medicalização que vem de longa data, tentarei, a partir desse efeito que eu acho que é um efeito palpável, já palpável hoje, ver com vocês certo esboço de constituição desse processo de medicalização e buscar, de alguma maneira, localizar os pontos de continuidade e de descontinuidade da psicanálise dentro desse dispositivo de medicalização.

Para começar, a medicalização é um tema que foi trazido muito claramente e com força por Foucault. Foucault é o grande teórico da medicalização desde não só sua *História da loucura na idade clássica* (Foucault, 2005), do começo dos anos 1960, mas também de *O nascimento da clínica,* de 1963 (Foucault, 2011). Foucault tem no tema da medicina e nos efeitos civilizatórios que a medicina teve na nossa modernidade um ponto estratégico. A medicina, o modelo médico é constitutivo da nossa modernidade. Não existe possibilidade de pensar a modernidade fora desse referencial propriamente médico, e essa medicalização implica outra categoria-chave do pensamento de Foucault: a ideia de normalização.

A ideia da medicalização implica uma normalização como forma de constituição da sociedade. A maneira pela qual os laços sociais foram estabelecidos na nossa tradição ocidental passa pelo modelo médico. A ideia de normalização não é originariamente médica. Georges

Canguilhem, que é uma referência importante para Foucault, em um artigo chamado "Do social ao vital" (Canguilhem, 2002), mostra muito bem como o processo de normalização no Ocidente começa nos séculos XVI-XVII, ligado a uma normalização do campo da língua. As línguas europeias foram normalizadas, foram criadas línguas nacionais. Todo o processo de construção dos estados-nação começa com um processo de normalização das línguas. Dessa maneira, acabam-se os diferentes dialetos, enquanto se criam as línguas nacionais. No século XIX, esse processo de normalização começa a ser incorporado e sofre um novo redirecionamento a partir da medicina e da pedagogia.

A normalização é uma normalização médica, e também é uma normalização pedagógica, por isso a escola que forma professores se chama Escola Normal. Até hoje, na França, a escola que produz intelectuais se chama École Normale Supérieure. Então a ideia da escola normal, da escola que normaliza, é uma produção que vem desde o final do século XVIII e início do século XIX. A medicina agilizará esse processo de normalização da experiência social por meio de uma espécie de cartografia do espaço social em torno da ideia de normal/anormal/patológico. Trata-se de um corte a partir do qual a vida será vista sob a ótica dessas três categorias.

E o que considero importante para apreendermos, o que está em jogo na construção desse dispositivo por meio da norma e do normal/anormal/patológico é como a construção dessa leitura do mundo, centrada na ordem da vida, terá como pressuposto uma secularização da vida; secularização no sentido fundamental.

E o que eu quero dizer com isso? Eu quero me valer de um artigo, de um ensaio de Foucault, muito importante, chamado "Prefácio à transgressão", que é um artigo nascido em 1961 (Foucault, 2001). É uma espécie de grande manifesto do pensamento foucaultiano posterior, no qual o autor, de uma certa maneira, mostra como sistematizará a ideia de normalização.

O que Foucault nos diz nesse artigo? Diz-nos que um elemento central na emergência da modernidade é o que o Nietzsche denominou de "a morte de Deus", ou seja, perdeu-se uma relação com o sagrado, com o transcendente, com uma lei que tinha um processo de interdição absoluta e diante do qual nós nos curvávamos, nós nos submetíamos. Essa lei tinha um poder sagrado.

É a perda de autoridade dessa grande lei simbólica, lei outorgada pela figura divina, que será constitutiva da modernidade.

A partir da quebra dessa lei, da perda do imperativo que ela teria, de criar em nós, em relação a ela, uma relação de obrigação, é que agora nós, modernos, temos de lidar com o vazio criado pela quebra dessa lei sagrada e transcendental.

Em relação a isso, alguns filósofos e políticos, que nada têm a ver com Foucault, falam coisas parecidas. Por exemplo, um filósofo da política, Claude Lefort, no livro *Ensaio sobre o político* (Lefort, 1991), mostra muito bem como a modernidade se constitui tendo um vazio no seu interior, no seu centro; esse vazio se dá por conta da quebra dessa lei transcendental, pré-moderna, referida a um discurso divino. Então, para Foucault, esse é um elemento fundamental na constituição do espaço moderno (e também para outros autores, que tirarão daí outras consequências, como no caso do Claude Lefort).

De qualquer forma, é essa quebra que fará com que nos situemos, face ao espaço social moderno, diante de uma situação em que nada tem sobre nós o efeito interditório absoluto.

O que vai nos caracterizar, o que caracterizou os nossos avós, e os nossos pais – talvez não sejamos tão mais modernos assim –, é o fato de que nós estamos fadados à transgressão. Essa é uma ideia interessante. Aquilo que caracterizará a modernidade é o fato de que seremos inevitavelmente conduzidos à transgressão; não porque iremos transgredir alguma lei, mas porque não há lei! E esse é o ponto desta hipótese, deste texto.

Somos levados a uma espécie de expansão de nós mesmos, uma espécie de vertigem de si em função dessa ausência de limites que a lei religiosa, sagrada, nos outorgava, e somos fadados à transgressão. É face a essa transgressão que se coloca, efetivamente, como forma de regulação social, a criação de um sistema de normas propriamente ditas.

O sistema de normas é uma resposta moderna à quebra do imperativo da lei. Nós criamos uma sociedade normativa desde o final do século XIX no lugar de uma lei que quebrou, de uma lei que nos provoca vertigem, que nos leva a transgredir.

Então, para regular a nova ordem social, a ideia de normas se consolida. Ela migra do campo onde existia, que era o campo da unificação das línguas, para o campo dos corpos, é o vivente que está em jogo.

O que caracterizará o século XIX é a disseminação e a constituição de paradigmas da vida. O paradigma da vida estará no centro do pensamento daquele século e aparecerá em diferentes filosofias, em diferentes formas de saberes: Schopenhauer, Nietzsche, Freud, Bergson são autores em que o paradigma do vivente aparecerá no lugar do paradigma antigo, que era o paradigma fisicalista que dominou os séculos XVII e XVIII. É o vivente que servirá como modelo de conhecimento.

Nesse modelo, referido ao que estou chamando do vivente ou paradigma da vida, interessa-me destacar o lugar outorgado para a medicina e para o saber médico, de ser a ciência e o saber que lidaria com a regularização desse vivente.

O paradigma da vida que aparece nessa elaboração filosófica é, de certa maneira, a contrapartida do grande processo de normalização do social, de normalização dessa falta de limite que a modernidade provoca e produz; de maneira que a medicina será uma espécie de modelo antropológico.

Segundo uma das hipóteses de *O nascimento da clínica* (Foucault, 2011), a medicina é o modelo antropológico das diferentes ciências humanas. Essas, sejam a psicologia, a linguística, a sociologia, todas elas vão se caucionar pelo modelo da medicina, quer dizer, pelo modelo que contrapõe a ideia de normal, de anormal e de patológico. A vida social passa a ser lida a partir de uma óptica que implica uma grade normal/anormal/patológico. Vamos nos habituando a esse tipo de metáfora para falar de sociedade, assim como da vida psíquica ou da língua; todas passam a ser lidas a partir dessa mesma grade.

É a medicina, enquanto vetor das ciências da vida, que trará essa dimensão reguladora e modelará o conjunto das ciências humanas. Há como que uma colonização da medicina, do discurso médico, do discurso biológico para as diferentes ciências humanas. As diferentes ciências humanas serão então marcadas por esse pensamento biologizante.

E por essa mesma questão, por essa falta de limite que provoca a modernidade, que o discurso da normalização médica e de administração do vivente ocupará o lugar preponderante, estará como fundo numa série de ciências humanas que vão descrever esses efeitos. Citarei dois exemplos, se bem que as interpretações que os autores possam dar sejam diversas.

Quando Émile Durkheim afirma que a sociedade moderna é uma sociedade anômica, uma sociedade sem normas, eu entendo que Durkheim refere-se ao que Foucault descreve como a forma da queda da lei; só que Durkheim usa a ideia de norma. Isto é, não é que a sociedade moderna seja uma sociedade sem norma, é uma sociedade sem lei. Penso que é a isso que Durkheim dá o nome de anomia. Face à quebra da lei, somos convocados a uma produção normativa permanente para, exatamente, responder a esse vazio.

Outro exemplo é a psicanálise, quando Freud afirma que aquilo que caracterizará a modernidade é o mal-estar, o mal-estar psíquico, o mal-estar social. Esse tema, Freud o desenvolve já em 1908, em "Moral sexual civilizada e doença nervosa moderna", texto em que tenta afrontar o problema do aumento das perturbações psíquicas na modernidade (Freud, 2006b). Depois, no *Mal-estar na civilização*, de 1930, Freud coloca o mal-estar como símbolo constitutivo da modernidade (Freud, 2010). Freud lê criticamente a modernidade dessa maneira; nessa modernidade, o que está presente é o mal-estar. O mal-estar é a ausência da interdição da lei que se quebrou e que nos levou a essa produção normativa.

Então, o processo de medicalização que terá no vivente sua matéria-prima, o seu objeto e os seus efeitos, se constituirá para lidar com esse vazio da lei e esse movimento em direção à transgressão.

Todo o pensamento médico, o pensamento da medicina e o pensamento que migra da medicina para as diferentes ciências humanas que regularão as diferentes práticas sociais terá, como visada estratégica, um processo de produção de anormais e de normalização dos anormais. O foco do processo de normalização é criar novos limiares de anormalidade, e estes serão a palavra-chave para que a prática e a produção de conceitos se deem em nome dessa regulação. Essa prática visa sempre normalizar os anormais.

Seguindo, se quisermos nos aproximar do pensamento psiquiátrico do século XIX, é preciso inserir o pensamento psiquiátrico nesse processo de normalização.

O processo de normalização, a rigor, não se constitui com o surgimento do alienismo, com o surgimento do asilo psiquiátrico. O surgimento do alienismo não é constitutivo da psiquiatria. O momento constitutivo da psiquiatria é aquele em que a psiquiatria tem nos anormais o seu objeto de trabalho. O alienismo, com a constituição dos asilos psiquiátricos no final do século XIX até cerca de 1938, 1940 – período que Roberto Castelli chama da "idade de ouro do alienismo" –, constitui um primeiro momento da história da psiquiatria, não sendo o seu momento decisivo. Seu momento decisivo é aquele em que a psiquiatria tem, na gestão dos "anormais", a sua grande matéria-prima de administração e gestão do social. Na tradição europeia, isso se dá em torno de 1840. É nessa gestão dos anormais que se constituirá um discurso muito poderoso que marcará a história da psiquiatria até recentemente. Esse discurso é o discurso da degeneração.

É na caracterização dos anormais como degenerados, a degeneração como sendo a matéria-prima da loucura e do crime, da delinquência em diferentes limiares de grandeza - e aqui estou citando o curso de Foucault sobre os anormais - que o discurso da degeneração se constitui, em 1857, como ponto central no pensamento de Morel.

Morel escreve um grande livro sobre degeneração que marcará a tradição psiquiátrica durante décadas, inclusive a tradição psiquiátrica brasileira. O modelo da degeneração de Morel será o grande modelo de gestão e de medicalização dos anormais, da construção de uma espécie de psiquiatria sem fronteiras, na medida em que novos limiares na anormalidade são constituídos.

O discurso da degeneração será a base da grande teoria da clínica psiquiátrica que reinará durante o século XX, a teoria de Kraepelin. Esse autor é o criador do grande modelo da psiquiatria do século XX, o qual está centrado na ideia de degeneração. Já na introdução da sua *Psiquiatria clínica*, Kraepelin diz algo parecido com isto: Olha, o problema da psiquiatria é que os loucos demoram muito para morrer, e eles representam um custo social altíssimo para o Estado.

Há todo um desenho a partir da ideia de degeneração que está na base do sistema kraepeliano. Karl Jaspers tentará reagir a Kraepelin de certa maneira, mas o grande pensamento dominante da psiquiatria durante o século XX, até os anos 1940 e 1950, dando uma nova oxigenação para a teoria da degeneração, foi, sem dúvida, o tratado do Kraepelin. Isso teve efeitos marcantes na psiquiatria brasileira. Todo o Hospício Nacional de Alienados de Juliano Moreira foi construído em torno do pensamento kraepeliano. O que assistimos na psiquiatria contemporânea é o neokraepelianismo. Estamos, novamente, sob a égide do Kraepelin. Ele é grande autor de referência hoje; só que não se fala mais em degeneração, mas em genética, atualmente se fala em neuro-hormônios.

Então, a genética e os neuro-hormônios ocupam hoje o lugar kraepeliniano da degeneração, eles são os herdeiros das antigas descrições sobre degeneração. Ocupam o mesmo lugar operatório no discurso da psiquiatria contemporânea que a categoria de degeneração teve no de Kraepelin.

Como se situa a psicanálise em relação a isso? Temos dois elementos importantes da inscrição da psicanálise nesse contexto. O primeiro deles é que todo o processo de administração dos anormais em torno da categoria de degeneração possibilitou a construção de um pensamento racial e racista na tradição ocidental. Esse processo de normalização dos anormais, somáticos ou psíquicos, loucos ou passíveis de perpetrarem crimes, foi criando uma espécie de racialização dos anormais. Houve uma espécie de criação, nessa política eugênica - porque essa é uma política, um pensamento eugênico - que deu lugar a uma categoria de raça, o que quer dizer que esse pensamento eugênico é um pensamento racista e racial. Toda nossa modernidade medicalizante tem a sombra, e às vezes mais do que a sombra, desse racismo.

O eugenismo nazista foi o ponto de chegada desse processo. O nazismo não é um erro de percurso, mas o ponto de chegada do processo de medicalização do século XIX, por meio da sua vertente tanto médica quanto psiquiátrica. Podemos considerar, perfeitamente, que o nazismo é o ponto de chegada desse pensamento e dessas práticas. O nazismo não é uma exceção, não é que perdemos o rumo. Se é impossível fazer poesia desde Auschwitz, ou pensar desde Auschwitz, esse fazer poesia e pensar começou já no século XIX. Podemos dizer que o nazismo perdeu a guerra, mas a ideologia nazista a venceu.

Nosso projeto civilizatório medicalizante é um herdeiro do projeto nazista, esse é o ponto. Essa medicalização extensiva do social estaria efetivamente relacionada à penetração à perpetuação da ideologia nazista.

Como se inscreve a psicanálise nesse processo? Primeiro: Freud foi um crítico da teoria da degeneração, e esse é um ponto importante. Já no artigo de 1898 intitulado "Hereditariedade na etiologia das neuroses", e mesmo antes, nos "Estudos sobre a histeria" (Freud, 2006a), ou nos capítulos dos "Três ensaios sobre a teoria da sexualidade" (Freud, 2006c), Freud é muito claro, faz uma crítica da teoria da hereditariedade e da degeneração. Freud se inscreve como crítico dessa tradição eugênica racial. O próprio Foucault, em *A história da sexualidade: a vontade de saber* (Foucault, 1988), apesar de todas as críticas que faz à psicanálise, reconhece que Freud está fora dessa tradição eugênica racista, que Freud representa um ponto de resistência a esse pensamento. Então, podemos afirmar por esse viés, por essa via, que a psicanálise é crítica do processo eugênico.

Agora, a nossa psicanálise contemporânea, quando começamos a querer distribuir medicamentos para os pacientes, ou quando achamos que diante de qualquer angústia temos de mandar alguém tomar remédios, ou mesmo nós darmos remédios, aí essa psicanálise começa a se complicar um pouco em relação ao processo de fazer alianças com o pensamento eugênico racial.

Bom, esse é um aspecto crítico da psicanálise e da maneira como Freud trata o que ele vai chamar de mal-estar na civilização, que é o lado em que a psicanálise está em outra direção, em um enfrentamento com esse processo eugênico racial.

A outra relação da psicanálise com essa questão, que não passa propriamente pela medicalização racial, é a relação da psicanálise com o pensamento anatomoclínico.

Freud é marcado pelo pensamento de Bichat, que é uma referência importante na medicina do século XIX. Bichat constituiu uma anatomia patológica, que está na base da medicina clínica.

A influência do pensamento de Bichat em Freud fica evidente na maneira pela qual o último Freud trabalha a relação entre vida e morte, na maneira como ele entende essa sua nova versão do vivente, como um embate entre pulsões de vida e pulsões de morte. Bichat, a rigor, vai ressoar no pensamento do último Freud. Quem afirma isso inclusive, se vocês não gostam de Foucault, é Lacan. Vocês podem ler Lacan, no primeiro texto dos *Escritos*, que se intitula "Para além do princípio da realidade" (Lacan, 1998). O autor conclui esse texto afirmando que a leitura que Freud faz do psíquico do vivente é ligada a essa relação entre vida e morte, pulsão de vida e pulsão de morte e, nesse sentido, Freud está numa perspectiva da vida, que Lacan chama de anti-homeostática.

O pensamento do Bichat é anti-homeostático na medida em que afirma que a vida é o conjunto de forças que lutam contra a morte, sendo a morte um existencial fundamental.

Lacan dirá, muito claramente, que Freud trabalha com uma concepção de vida que herda do Bichat. Quer dizer, então, que o modelo da construção da medicina de acordo com o modelo de Bichat, no qual a doença é a presença da morte sob a forma da lesão, essa presença da experiência da finitude que o pensamento da anatomoclínica trouxe por intermédio de Bichat penetra no pensamento freudiano. A ideia de que a vida é o conjunto de forças que lutam contra a morte, que foi gerada no pensamento médico, no pensamento clínico, será incorporada, e evidentemente metabolizada, de uma forma diferente na psicanálise, sob a forma da tensão permanente entre pulsão de vida/pulsão de morte.

Essa nova versão da teoria das pulsões na psicanálise é uma transformação da analítica da finitude gerada pelo pensamento médico do século XIX, em que será colocada a questão da relação entre vida e morte, e a delimitação da nossa finitude.

A psicanálise representa, nesse sentido, uma continuação do modelo da finitude entreaberto pela medicina. Quando, depois de Freud, um autor como Heidegger, em 1927, no *Ser e tempo*, afirma que o ser se define pelo seu movimento em relação à morte (Heidegger, 2006), fornece uma espécie de leitura sobre a finitude, um discurso que teve uma repercussão muito grande durante o século XX - e continua a ter -, definindo o sujeito como ser-para-a-morte.

O tema desse debate é o sujeito. Podemos pensar que Heidegger chega num terceiro ponto dessa história e essa é a ideia que eu queria assinalar aqui.

O modelo da finitude aparece como pensamento na medicina por meio de Bichat; essa questão é retomada pela psicanálise que terá, em relação à finitude, nesse embate entre vida e morte, o seu lugar estratégico fundamental. Essa questão ganhará cunho de ontologia por meio da analítica existencial heideggeriana. E isso vem da analítica da finitude, da morte de Deus e da maneira como a relação entre vida e morte foi trabalhada pela medicina e pela psicanálise, desembocando na ontologia existencial.

Nada de estranho nisso, que a filosofia tenha chegado no terceiro tempo do jogo. Esse jogo foi começado pela medicina, continuado pela psicanálise e finalizado pela filosofia.

E por que não é estranho? Porque se formos retomar uma passagem interessante em que Hegel fala do lugar da filosofia no campo do conhecimento, esse autor nos diz algo muito interessante: "o voo de Minerva só se faz à noite". Minerva é a coruja, é a representação da filosofia. O que ele está dizendo? Hegel está dizendo que a filosofia chega no tempo final do processo. O fundamental do processo é criado como e por quê? Ele é criado nas práticas sociais, ele é criado pelo discurso da ciência. A filosofia é uma reflexão, num segundo ou num terceiro tempo, de um trabalho que é feito inicialmente no campo dos laços sociais, no campo da sociedade, ou no campo do discurso da ciência. O discurso da ciência é o correlato dessas práticas sociais, e o discurso da filosofia é um ponto de chegada que pensa aquilo que as práticas sociais realizaram e que as práticas científicas tentaram conceituar.

Nessa medida, o trabalho sujo, o trabalho árduo, é feito pela ciência e pelas práticas sociais; a filosofia chega na hora do bolo de chocolate quando o trabalho está feito. Então nada há de estranho que a mesma ontologia da finitude, que teve seu início no pensamento do Bichat, no pensamento médico, que teve a sua forma de articulação com outro destino das relações entre vida e morte no último Freud, tenha atingido uma formulação ontológica no discurso de Heidegger.

Temos aqui duas questões muito importantes. A primeira delas refere-se a todos os estilos eugênicos raciais e racistas no processo de medicalização, e o lugar crítico da psicanálise em relação a esse processo. Não vou me estender mais em relação a isso.

E a segunda questão, ao lado da anterior, que é a maneira pela qual uma analítica da finitude, constituída pelo modelo médico e clínico no século XIX, foi incorporada e metabolizada pela psicanálise, formando outro discurso sobre o psíquico fundado na tensão entre vida e morte.

Referências

CANGUILHEM, G. "Do social ao vital". In: *O normal e o patológico*. Rio de Janeiro: Forense Universitária, 2002.

LACAN, J. "Para além do princípio da realidade". In: *Escritos*. Rio de Janeiro: Zahar, 1998.

LEFORT, Claude. *Pensando o político*: ensaios sobre democracia, revolução e liberdade. Rio de Janeiro: Paz e Terra, 1991.

FOUCAULT, M. *História da loucura na idade clássica*. 8. ed. São Paulo: Perspectiva, 2005.

FOUCAULT, M. *História da sexualidade*: a vontade de saber. Rio de Janeiro: Graal, 1988. vol. 1.

FOUCAULT, M. *O nascimento da clínica*. Rio de Janeiro: Forense Universitária, 2011.

FOUCAULT, M. "Prefácio à transgressão". In: *Ditos e escritos III*. Estética: Literatura e Pintura, Música e Cinema. Rio de Janeiro, Forense Universitária, 2001.

FREUD, S. "Estudos sobre a histeria". In: *Obras completas*. Rio de Janciro: Imago, 2006a. v. II.

FREUD, S. "Moral sexual civilizada e doença nervosa moderna". In: *Obras completas*. Rio de Janeiro: Imago, 2006b. v. IX.

FREUD, S. "Três ensaios sobre a teoria da sexualidade". In: *Obras completas*. Rio de Janeiro: Imago, 2006c. v. III.

FREUD, S. "O mal-estar na civilização". In: *Obras completas*. São Paulo: Companhia das Letras, 2010. v. 18.

HEIDEGGER, M. *Ser e tempo*. Petrópolis: Vozes, 2006.

Medicalização ou submissão à tecnologia?

Durval Mazzei Nogueira Filho

Aí está um tema espinhoso. Em qualquer um dos sentidos que essa expressão quer dizer. Desde um tema de muitos pontos de partida até um tema que sangra quem dele se acerca.

Uma das razões dessa dificuldade repousa no que se pode cunhar de o espírito do tempo. Uma característica marcante desse espírito é a esperança de que não haverá dor, não haverá sofrer, não haverá violência, não haverá, enfim, manifestação anímica que não se resolva externamente a um ato de sujeito. O que é proposto – proposta à qual não está ausente uma quota de gozo – resume-se à possibilidade de qualquer fenômeno receber uma explicação por meio de algum dado objetivo e anterior ao ato do sujeito. Do amor à consciência passando pela angústia, a violência e a doença, há algum gene, há alguma enzima, há, enfim, algum processo biológico, a caminho do esclarecimento, que subjaz e opera esses fenômenos todos. Estudá-los, esclarecê-los, são os antecedentes lógicos da possessão desses mecanismos. Possuí-los equivale a manipulá-los por intermédio de uma nova tecnologia já em ação ou a ser desenvolvida.

Esse último passo indica que logo mais viver vai ser muito fácil. Morris (2000), em um interessante ensaio sobre a doença na pós-modernidade, comenta que:

> *(...) ao contrário dos robôs e dos coelhos, os humanos possuem uma tendência para doenças repetidas e muitas vezes prolongadas*

que, em última análise, parecem resultar mais de um desígnio misterioso do que de um defeito de concepção. Contudo, basta passear por qualquer estrada suburbana para depararmos com anúncios sedutores que prometem curas miraculosas, corpos sempre jovens e bem-estar eterno, como se nossa principal tarefa em vida fosse derrotar a mortalidade (p. 11).

E completa:

> *(...) o objetivo está de acordo com fantasias culturais mais vastas que (sem a necessidade da religião ou o inconveniente de uma alma) projetam a carne num futuro estado perfeito expandido indefinidamente, destituído de doença* (p. 12).

A ideia de monotonia não exerce efeito algum no entusiasmo de quem fala favoravelmente à maravilha que seria viver sem dor, angústia, violência, doença em uma cultura que pode descartar o acaso. Sloterdijk (2000) problematiza se esta "antropotecnologia futura avançará até um planejamento explícito de características, se o gênero humano poderá levar a cabo uma comutação do fatalismo do nascimento ao nascimento opcional e à seleção pré-natal" (p. 47). O que é pergunta inquietante no filósofo alemão é exultação na letra do biólogo molecular norte-americano Silver (2001):

> *(...) é claro que, só porque pode ser feito, não implica que será feito. Só quando uma tecnologia fornece um meio para satisfazer um desejo ou uma necessidade consciente é que as pessoas se dispõem a pagar por ela. E quanto mais forte o desejo ou necessidade, tanto maior a disposição para superar os obstáculos que estão no caminho (...) Não há dúvida de que os pais do futuro terão condições de fazer seleção de embriões, baseados em longas listas de características genéticas* (p. 256-257).

Esse é um elemento que não pode faltar nas reflexões sobre os dias atuais: um deslocamento da utopia. Desloca-se da regulação do laço social para o corpo individual, privado de forma a sustentar a proposição do desenvolvimento solitário em direção a um objeto perfeito de curvas e músculos.

Apenas um leitor tendencioso torceria o sentido do escrito ao entendê-lo como um tributo à dor, à angústia, à violência. Trata-se, na verdade, de salientar uma vocação totalitária no discurso científico que crê que qualquer enunciado é capaz de abordagem e resolução pela metodologia científica. Quando tal se promete está-se mais claramente no campo da ideologia que no campo da ciência. E, como tais enunciados tocam em problemas cotidianos de cada um e prometem nada menos que a erradicação daquilo que, muito proximamente, toca nas emoções mais universais e primitivas do ser, faz-se um jogo de convencimento devastador. Quem não perdeu um ente querido e desejou que essa morte nunca ocorresse? Quem não perdeu um grande amor pela intromissão de algum fenômeno relacionado à angústia? Quem não viveu uma dor, física ou anímica, que parecia infinita? É digno de nota descobrir que a edição 10 da versão brasileira da *Scientific American* escalou uma repórter, Carol Ezzel (2003), para noticiar "a neurociência do suicídio". O detalhe tragicômico é que a repórter perdeu a mãe como decorrência de um ato suicida. Tal apelação permite, no contexto em que tudo que é sólido desmancha-se no ar, que a frase final da reportagem "científica" seja: "talvez algum dia a ciência venha compreender melhor a base desses atos pungentes e que famílias como a minha sejam poupadas" (p. 59). Ouvir, com a marca da qualidade científica, que por meio de algo muito simples, tal como a ingestão de um medicamento ou pela inclusão de uma nova cadeia de DNA viral ao genoma, pode-se viver imune a tudo isso é bastante felicitado. Ainda mais na medida em que basta ao sujeito apassivar-se perante uma ação externa garantida por um discurso e por um ato mediado por artefato técnico.

Os enunciados dessa promessa de paraíso biológico, então, recorrem ao artifício, senão a uma genuína falácia, de acenar com a extinção do sofrer, com a extinção dos azares genômicos, com a extinção do que faz a imperfeição humana. E, é claro, em um mundo midiático um aceno desse teor tem o poder de seduzir o mais renitente niilista. E surge com a velocidade e a insistência de um hit pop. Invade as páginas dos jornais, revistas leigas e revistas de divulgação científica como um bálsamo. Quem não prefere que seu filho incômodo não seja portador de uma configuração cerebral especial, que define o seu déficit de atenção ou seu estilo delinquencial? Não há bálsamo, não há absolvição mais confortável. Afinal de contas, é uma verdade científica.

Para além dessas querelas absolutamente sedutoras sobre a aposta na felicidade para todo o sempre que os sonhos da razão prometem, há algo mais importante a ser ressaltado. Haverá possibilidade de distinguir a ideologia do determinismo biológico de uma perspectiva social autoritária? Provavelmente os estudos genéticos com marca mais séria que a ideologia determinista e logo higienista dirão que não, pois, salvo as características pontuais, de transmissão restrita a um único gene, todas as outras características, e entre elas a esmagadora maioria dos estados anímicos, depende do meio para se estabelecerem ou se desencadearem. Portanto, apenas um meio - para além de biológico, social - estável e controlado garantiria o bom andamento da expressão gênica. Assim, a via que crê que uma descrição naturalista do ser, como demanda boa parte da comunidade científica, "que não obrigue atrelar o conceito de pessoa a um determinismo biológico, nem proponha uma moral normatizadora" (Land, 2001, p. 16) seja possível, como supõe Land, talvez não passe de mais um devaneio onírico da razão: pois, para voltarmos ao tema, além de fato biológico, a angústia, o sofrimento, o luto, a melancolia, a elação, a felicidade são fatos subjetivos, são fatos de linguagem e, portanto, são fatos em um laço social. Supor sua extinção ao manipular o fato biológico (Changeux, 1979) que - admitamos como hipótese - é primário, é uma proposição que surpreende pela puerilidade. Surpreende pela atribuição de fragilidade ao sujeito, como se esses sentimentos fossem inevitavelmente uma força que assoma a subjetividade sem nenhuma chance de derivação, tornando única alternativa erradicar a fonte biológica. E, mais que tudo, surpreende, pois os biólogos furiosos só podem pensar nessa radical naturalização do fenômeno humano apenas porque, mais do que em qualquer era da história humana, a era que habitamos é a que mais afasta o ser da natureza. Os urbanos, os fascinados pela tecnologia da informação – ambos *musts* neste capitalismo tardio – encontram o natural como turismo exótico, amplamente dissociado de qualquer lide existencial. Experimentassem retirar a angústia do pitecantropo, do australopiteco Lucy ou dos primeiros *sapiens* para ter uma ideia da marcha evolutiva humana.

É por essa via que se sugeriu um complemento ao frontispício deste simpósio. Estaremos ainda sob o domínio do discurso médico ou, na verdade, até o todo-poderoso discurso médico perdeu as estribeiras para o discurso tecnológico? Dois autores muito diferentes, Canguilhem e Lacan, pensam exatamente assim. Canguilhem (2005) diz:

> *(...) médicos ainda pela função, porém, doravante, não mais por corresponderem a uma imagem secular, uma vez que a consulta consiste na interrogação de bancos de dados de ordem semiológica e etiológica, por meio do computador, e que a formulação de um diagnóstico probabilista é sustentada pela avaliação de informações estatísticas* (p. 28).

Lacan (2001), em uma linha muito similar, fala de um médico que era:

> *(...) requerido em sua função de cientista fisiologista (...) à medida que o registro da relação médica com a saúde se modifica, em que esta espécie de poder generalizado que é o poder da ciência, dá a todos a possibilidade de vir pedir ao médico seu ticket de benefício com um objetivo preciso imediato* (p. 10).

Essas duas opiniões, se cotejadas com o princípio que norteia a medicina baseada em evidência, ainda deixariam ao médico uma capacidade de decisão razoável. Se levado adiante o princípio acima, o médico contemporâneo não é nada mais que um exímio pesquisador de gráficos e tabelas que indicam qual o tratamento que o último congresso definiu como consensual para a enfermidade em pauta. E "ai" do médico que resolver criar sem ouvir a ANVISA ou o FDA.

Quer dizer: não é de maneira alguma despropósito responder "sim, o discurso médico perdeu-se no maquinário tecnológico". Perdeu-se no maquinário tecnológico não somente por recorrer a recursos diagnósticos maquinais, frequentemente sustentados em imagens que prescindem da palavra, mas por apostar que essa política é a melhor, a mais rápida, a mais pragmática e economicamente viável. Isso para não falar da cumplicidade do paciente que, certamente, é capaz de preferir ter o corpo entregue à sedução tecnológica no lugar de longa e criteriosa anamnese acompanhada do exame físico que pode fazê-lo lembrar da sexualidade esquecida.

E não por acaso. Sfez (2002) deu o nome "*Technopolis*" à relação entre dois protagonistas, técnica e cidade. Diz:

> *(...) aliada da política por um casamento morganático, a técnica tornou-se servo-dominadora, esta é aqui a nossa tese e é nisso que consiste a inversão. Assim, já não se trata de considerar a técnica ou a tecnologia isolada, neutra, fazendo simplesmente o que têm a fazer: inovar, experimentar, fornecer-nos comodidades de vida, em suma, encarnar o progresso. Nem tampouco de continuar a considerar o político como o leme dessa maravilhosa aliada* (p. 14).

A ser discutida, portanto, é a sedução que a utopia tecnológica propõe a todos nós. Sfez também diz que:

> *(...) a última década do milênio foi a tal ponto sujeita à agressão, à propaganda sumária do determinismo tecnicista (a internet muda o mundo, ou, com as biotecnologias, o futuro está nas coudelarias humanas) que se pode causar um grande alvoroço com esta absurdidade* (p. 18).

E, é claro, que a perspectiva não desapareceu no alvorecer do novo milênio.

Peter Singer (2005) é um filósofo e professor de Bioética do Centro de Valores Humanos da Universidade de Princeton e gloriosamente aposta nas compras no futuro supermercado genético e diz "não penso que tenhamos razões para concluir que um supermercado genético causaria algum dano a quem escolheu comprar nele, ou àqueles que foram criados a partir dos materiais adquiridos" (p. 141). Passa a milhas de distância do pensamento deste senhor pais criarem filhos para exclusivo desfrute, sem características "inusuais ou excêntricas" (p. 142) que apenas farão que esses pais busquem tratamento para filhos com tais traços, possa simplesmente representar que a última função que este casal deseja é ter filhos e educar. Mas ele ministra aulas em Princeton, universidade da Ivy League, e eu não.

Em outro registro, Prinz e Clark (2004) singelamente afastam qualquer prejuízo racionalista e consideram que o pensamento para o século XXI deve ser plenamente pragmático (no sentido exclusivo de disposição à ação: se é possível fazer, faça), pois "o que agentes ativos pensam é constituído pelo que eles podem fazer" (p. 68). Além do mais, esses autores julgam que a ação é o fundamento da cognição. Como se vê, Silver e Singer estão efetivamente na crista do pensamento filosófico de ponta que faz pouco-caso do que pode existir entre técnica e política.

Ora, é a justificativa do título deste escrito. Medicalização é um termo que ficou para as calendas. A atenção deve voltar-se para a tecnologia que tem não somente o poder mas também a intenção de dominar o cenário e levar de roldão o que surge. Inclusive a medicina. Com uma marca não prevista pelos pensadores originais das Luzes, para os quais a apropriação técnica da natureza ocorreria em benefício da dimensão ética e da dimensão política. Não supuseram o deslocamento da utopia para o corpo individual, garantia inequívoca da sobrevivência do UM e que, em sua mônada isolada não exige nem ética e nem política.

É um desafio para as bandas da psicanálise.

Referências

CANGUILHEM, G. "As doenças". In: *Escritos sobre a medicina*. Rio de Janeiro/São Paulo: Forense Universitária, 2005.

CHANGEUX, J. P.; BERGÈS, J.; LAURENT, E.; MILLER, J.-A. "L'homme neuronal". In: *Ornicar?*, n. 17-18, 1979, p. 137-174.

EZZEL, C. "A neurociência do suicídio". *Scientific American Brasil*, n. 10. 2003, p. 52-9.

LACAN, J. *O Seminário 10*: a angústia (edição não autorizada). Recife: Centro de Estudos Freudianos, 1997.

_____. "O lugar da psicanálise na medicina". In: *Opção Lacaniana*, n. 32, 2001, p. 8-14.

LAND, M. *A mente externa*: a ética naturalista de Daniel Dennett. Rio de Janeiro: Garamond/FAPERJ, 2001.

MORRIS, D. B. *Doença e cultura na era pós-moderna*. Lisboa: Instituto Piaget, 2000.

PRINZ, J.; CLARK, A. "Putting concepts to work: some thoughts for the twenty first century". In: *Mind & Language*. v. 19, n. 12004, p. 57-69.

SFEZ, L. *Técnica e ideologia*: uma questão de poder. Lisboa: Instituto Piaget, 2002.

SILVER, L. M. *De volta ao Éden*: engenharia genética, clonagem e o futuro das famílias. São Paulo: Mercuryo, 2001.

SINGER, P. "De compras em el supermercado genético". In: *Los desafios de la genética humana*. LUNA, F.; LÓPEZ, E. R. Cidade do México: Universidad Nacional Autónoma de México/Fondo de Cultura Econômica, 2005.

SLOTERDIJK, P. *Regras para o parque humano*: uma resposta à carta de Heidegger sobre o humanismo. São Paulo: Estação Liberdade, 2000.

Medicalização da existência e subjetivação

Ede Oliveira Silva

Numa reflexão anterior, expressei a minha inquietação sobre o futuro incerto da psicanálise em virtude do desenvolvimento tecnológico da indústria farmacêutica, da neurociência e da engenharia genética. Esses três fatores acrescidos das "novas" psicopatologias da contemporaneidade punham em risco o trabalho psicanalítico por conta da exigência de um imediatismo de resultados, pois o tempo urge e as soluções para as dores da alma tinham de ser realizadas da noite para o dia, e esse estado de coisas ia na contramão do projeto psicanalítico... Nesse contexto atual, a psicanálise estaria fora de moda em virtude daquelas forças acima citadas que colocaram os sofrimentos da alma no registro das urgências. Na tentativa de se adaptar a essas novas exigências, várias terapias foram criadas com o objetivo de encurtar o processo terapêutico, como, por exemplo, a psicoterapia breve. Otto Rank (1972) foi um dos pioneiros nessa tentativa de se adaptar a essa nova era e ao pragmatismo americano.

Na primeira metade do século XX, a psiquiatria estava ancorada na psicanálise, sendo Adolf Meyer, grande psiquiatra americano, um dos responsáveis por essa associação ao enfatizar que os transtornos mentais eram concebidos como consequência da ação de três fatores: o biológico, o psicológico e os sociais (Aguiar, 2004). Nesse período, a história individual de cada sujeito sofredor era levada em consideração, preservando assim a singularidade de cada um.

Com a influência de uma boa leva de psicanalistas europeus que migraram para os Estados Unidos nas décadas de 1940 e 1950, foi criada a psiquiatria dinâmica. É interessante o fato de que a maioria dos psiquiatras daquela época estava ligada às sociedades psicanalíticas. Esse casamento, no entanto, começou a esfriar com as primeiras descobertas dos psicofármacos. A relação entre a psiquiatria e a psicanálise conseguiu se manter mais ou menos como antes até a década de 1980, década essa que foi a divisora de águas, demarcando com maior nitidez as fronteiras entre as duas. O interessante é que esse divórcio coincidia com o desenvolvimento da psicofarmacologia e com a criação de um manual de diagnóstico e estatística dos transtornos mentais, o DSM, como daqui a pouco veremos.

O primeiro psicofármaco que foi lançado no mercado, em 1952, foi a clorpromazina, um neuroléptico usado nas psicoses. Com as descobertas posteriores dos antidepressivos tricíclicos, os inibidores da monoamina oxidase (MAO) e o ansiolítico clorodiazepóxido e seus derivados, foram dados passos importantíssimos para o tratamento tanto das neuroses e como das depressões.

Com esse avanço da psicofarmacologia foi inevitável uma revisão das relações entre a psiquiatria e a psicanálise. O sucesso terapêutico que era alcançado de uma maneira mais rápida provocou uma corrida para uma maior precisão no diagnóstico das doenças mentais. As publicações do DSM-I, em 1952, e o DSM-II, em 1968, ainda conseguiram manter o relacionamento entrelaçado entre a psiquiatria e a psicanálise; porém, as pressões das indústrias farmacêuticas e dos seguros de saúde exigiam definições mais precisas dos diagnósticos e dos tratamentos, marcando assim com maior nitidez as fronteiras entre as duas especialidades. Esse momento coincide com a descoberta da fluoxetina (Prozac), um novo antidepressivo bloqueador da recaptação da serotonina, com mínimos efeitos colaterais e com a publicação do DSM-III. A fluoxetina foi imediatamente chamada da droga da felicidade legalizada. A febre do Prozac tomou conta da América e ganhou o mundo de tal maneira que, quatro anos após o seu lançamento, metade da população dos Estados Unidos fazia uso da fluoxetina, numa busca frenética pela felicidade. O DSM-III veio para ficar e contribuiu para alargar ainda mais a separação entre a psiquiatria e a psicanálise. A psiquiatria agora tinha uma identidade, era definitivamente uma especialidade médica, sendo batizada então de psiquiatria biológica ou biopsiquiatria, uma especialidade cientificamente comprovada por meio de experiências controladas. No percurso de três décadas, de 1950 a 1980, constatamos que houve uma dessingularização gradativa do sujeito pelo fato de que a sua história de vida particular e individual, com todos os seus avatares, estava sendo cada vez menos levada em consideração. Os pacientes e seus sofrimentos tornaram-se meros dados estatísticos, e, concomitante a isso, houve a despsicanalização progressiva da psiquiatria. Um pequeno artigo que saiu na *Folha de S.Paulo* em agosto de 2010, com o título "Americano trata doença mental só com drogas" (Folha, 2010a), mostra um aumento substancial do tratamento medicamentoso da doença mental e uma redução significativa de 20% no tratamento combinado psiquiátrico e psicanalítico. Pelo que vemos, essa situação tende a se acentuar. A biopsiquiatria, nesses moldes, vem assumindo gradativamente quase com exclusividade esse tipo de tratamento. Daí decorre a grande inquietação que vem surgindo no meio psicanalítico e em alguns núcleos psiquiátricos.

A euforia e o uso indiscriminado e abusivo dos psicofármacos criaram um outro mundo que já tinha sido previsto por Aldous Huxley em seu *Admirável mundo novo* (Huxley, 1966) e esse é o contexto em que nos encontramos na contemporaneidade, porém, algumas vozes começaram a clamar no deserto contra esse tipo de medicalização da existência e da artificialização da vida. A partir da década de 1990, vários autores, tais como Pierre Fédida (1995), Joel Birman (1993), Adriano Amaral Aguiar (2003), Durval Nogueira (2008), entre outros vêm fazendo parte dessa resistência.

Como sabemos, Freud é considerado um dos pioneiros da psicofarmacologia ao fazer uso, em si mesmo e em seus pacientes, da cocaína para o tratamento da angústia e da depressão (Freud, 1989). Abandonou (*sic*) esse procedimento a partir de 1895, decidindo então encarar seus próprios conflitos psíquicos e de seus pacientes, mesmo sabendo que o seu trabalho, tão arduamente descoberto, iria aumentar de uma maneira exponencial.

Estamos em "desvantagem" em relação ao Sr. Freud! Percebemos que o grande avanço da tecnologia vem provocando profundas modificações na subjetivação e na clínica psicanalítica. Hoje em dia, nós, psicanalistas, temos de nos deparar com o imediatismo das demandas e com a rapidez de ação dos psicofármacos em suprimir a dor da existência, pois o tempo urge e não podemos desperdiçá-lo. "Esta relação que se estabelece entre a subjetividade e os objetos artificiais", no dizer de Gomes, "é a base da cultura do excesso, não oferecendo espaço para que o mal-estar compareça, isto é, a condição trágica e cômica dos nossos assuntos humanos" (Gomes, 2009).

É claro que os autores alinhados e plenamente afinados com a biopsiquiatria e com as novas biotecnologias, tais como, entre outros, Daniel Dennet (1991) e Changeux (1979) vão sempre afirmar que a conduta humana pode ser explicada totalmente em termos biológicos, pois esses autores negam a causalidade psíquica nas psicopatologias e propõem, sem qualquer cerimônia, a morte da singularidade e da individualidade.

"Um dos efeitos iatrogênicos desse tipo de uso da biopsiquiatria e da biologização do sujeito é a produção de uma nova subjetividade no espaço da clínica médica", como diz Martins, ao afirmar textualmente um pouco mais na frente que:

> *(...) quando no espaço de uma vida, suas palavras, seus símbolos e seus mitos parecem ter sido deixados juntos com as roupas fora da sala de exame, como se neste espaço o sentido da vida devesse ser ocultado (...)* (Martins, 2008).

Michel Foucault já nos alertava em "O nascimento da medicina social" que:

> *(...) o controle sobre os indivíduos não se opera simplesmente pela consciência ou pela ideologia, mas começa pelo corpo. Foi no biológico, no somático, no corporal que, antes de tudo, investiu a sociedade capitalista. O corpo é uma realidade biopolítica. A medicina é uma estratégia biopolítica, perdendo o paciente o direito sobre o seu próprio corpo e assim sobre a sua vida e sua morte. Não nos pertencemos* (Foucault, 1998).

O interessante de tudo isso é que a indústria farmacêutica não está regida pelas leis comuns de mercado, como os outros produtos industrializados, com sua regulação automática. Ela tem seus intermediários, que são os profissionais de saúde que frequentemente não estão familiarizados com a farmacodinâmica dos psicofármacos por não serem especialistas para lidar com esse tipo de tratamento. Vemos médicos de todas as especialidades, e inclusive alguns dentistas, prescrevendo medicações psiquiátricas. Eles ficam ensanduichados entre a demanda popular e a pressão das grandes indústrias farmacêuticas. As indústrias farmacêuticas são concomitantemente produtoras dos psicofármacos, da maioria dos intermediários e dos consumidores. Por meio de uma propaganda maciça, de uma distribuição generosa de amostras grátis e de outras benesses, deixam o paciente pronto para ir buscar sua receita na consulta. Não devemos deixar de fora a grande contribuição prestada pelo Dr. Google. Ficamos pasmos ao saber que alguns veterinários estão receitando psicofármacos para animais domésticos. A maior procura, portanto, é pela medicação. O "soma" chegou, como no *Admirável mundo novo*, trazendo a felicidade desejada. Ela se tornou agora obrigatória! A dor, o sofrimento e a angústia têm de sumir o mais rapidamente possível. No dizer de Heloisa Helvécia, está havendo um programa mundial de animação perpétua e imunização contra o sofrimento, como coloca em seu artigo "Para animar a torcida", publicado na *Folha de S.Paulo* (Helvécia, 2010).

Numa tirada superirônica, o humorista inglês Bentall afirmou que "a felicidade é um transtorno mental" (Bentall, 1994). Essa entidade (a felicidade) merece figurar nos manuais de critérios de diagnósticos sob a etiqueta "transtorno maior do humor de tipo agradável". A felicidade é uma entidade anormal, estatisticamente significativa, construída a partir de um pequeno número de sintomas ligados entre si, associados a anomalias cognitivas, como, particularmente, a perda de contato com a realidade, e reflete provavelmente um funcionamento anormal do sistema nervoso central. A felicidade, portanto, corresponde então a todos os critérios habituais que servem racionalmente para definir um transtorno psiquiátrico.

Continuando nessa reflexão, gostaria de fazer um pequeno desvio do meu foco de interesse para uma outra situação que me parece de extrema gravidade. As nossas crianças são agora alvo também da indústria psicofarmacêutica. O círculo se fechou com a criança e com o adolescente. Todos enquadrados no ciclo da medicalização. Todos contentes, calmos, felizes e anódinos. Não queremos com isso deixar de lado a grande importância dos psicofármacos. Seria uma ingenuidade de nossa parte. Achamos que a medicalização veio para ficar como mais uma ferramenta a ser utilizada para tentar dar conta da complexidade humana na sua duplicidade corpo e mente. Estamos preocupados, isso sim, é com o uso abusivo e indiscriminado que está sendo feito desse procedimento.

A mais nova coqueluche dos dias atuais é o Transtorno do Déficit de Atenção e Hiperatividade (TDAH), que vem se alastrando como uma epidemia e que abrange um número cada vez maior de crianças. Quem abre o DSM IV volume I, por sinal esgotado, e começa a ler a tabela I, que diz respeito ao TDAH, vê que dificilmente uma criança não estaria inserida naquela tabela. Não vamos fazer uma caça às bruxas para encontrar as causas que poderiam estar determinando tal comportamento infantil. Dentro desse exagero chegamos ao ponto de querer diagnosticar TDAH até em conflitos conjugais causados por divergências ou mesmo por desamor. E assim um dos dois componentes do casal contraiu tal enfermidade e, portanto, tem de fazer uso da medicação específica, como saiu no encarte do *New York Times* publicado pela *Folha de S.Paulo* em agosto de 2010 (Parker-Pope, 2010).

Sabemos que a macro e a microcultura estão no olho do furacão. Na macrocultura, no dizer de Jean-Pierre LeBrun em seu livro *A perversão comum*, está havendo, gradativamente, uma substituição do mecanismo da repressão pelo da renegação, tendo com isso ressonância direta na estrutura familiar (Lebrun, 2008). Sabemos que o capitalismo tem exigido cada vez mais a presença dos pais no mercado de trabalho, ausentando-os assim da vida de relação com os filhos, que, dessa forma, crescem de uma maneira aleatória. A máxima dos três mosqueteiros "Um por todos e todos por um" (Dumas, 1951) foi radicalmente invertida. A individualidade e a cultura do narcisismo, como disse Christophe Lasch (1983), ficam tatuadas no corpo como se fossem condições únicas do bem-estar e da sobrevivência. Dentro dessa cultura não temos tempo para os nossos filhos, dando como consequência, a gênese de uma "neocriança" e de um "neossujeito". Em lugar de educar, pôr limites, medica-se; em lugar de buscar um trabalho psicanalítico que propicie a elaboração e a construção de um psiquismo minimamente equilibrado, medica-se; e assim os remédios vão ocupando gradativamente o lugar do OUTRO, como afirma Ana Maria Sigal (2004). Temos de silenciar rapidamente aquilo que nos incomoda, por meio de nossas ausências ou por meio de medicações que funcionariam como uma camisa de força química. Educar dá trabalho!

Todos nós sabemos da existência do medicamento metilfedinato, a Ritalina ou o Concerta, em seus nomes comerciais. Essa droga foi lançada na década de 1950, tendo um potente efeito estimulante no sistema nervoso central, e era usada, naquela época, para aumentar o período de vigília e a agilidade psíquica, mas com grande possibilidade de causar dependência química. Essa medicação, associada a antidepressivos, vem sendo utilizada, também indiscriminadamente, em crianças de tenra idade, isto é, a partir dos 4 anos e, muito frequentemente, acompanhando-a até a adolescência, provocando consequências inimagináveis na sua constituição psíquica e na sua vida de relações. Um longo artigo em *O Estado de S. Paulo* com um sugestivo título "Droga para hiperativo tem uso banalizado", publicado em agosto de 2010, traz uma denúncia, uma preocupação e um alerta (Estado, 2010). A quantidade de metilfedinato vendida entre 2000 e 2007 cresceu 1.616%. A nossa preocupação está chegando, também, à mídia impressa, ao denunciar essa banalização. Sabemos que os valores culturais mudaram, principalmente nas últimas seis décadas, produzindo assim "novas formas" de subjetivação com "novos" sofrimentos da alma, isto é, houve um aumento na prevalência de algo já existente, exigindo da indústria farmacêutica, a cada dia, novas pesquisas para a produção de novos psicofármacos mais específicos, com menos efeitos colaterais e, indiretamente, forçando também uma revisão no método clássico e ortodoxo do processo psicanalítico de tal maneira que hoje em dia temos tido pouca possibilidade de usá-lo em nossa clínica. A utilização de tais medicamentos nas crianças de uma maneira indiscriminada, numa fase de pré-latência e às vezes se estendendo até a puberdade, não iria engessá-la, congelá-la, impossibilitando-a de viver naturalmente essa fase de estruturação do psiquismo com a internalização das regras e das leis? Serão crianças, adolescentes e futuros adultos cristalizados na pré-latência? (Essa visão psicanalítica foi-nos passada por meio de uma conversa informal com Nora Migueles). Será que essa situação, isto é, a medicalização na tenra infância não formaria um "superego químico"? A suspensão da medicalização nesses sujeitos, os quais foram constituídos dessa maneira, não levaria a uma explosão na puberdade, provocando uma acentuação da violência como a que estamos vendo hoje? São perguntas que ficam no ar. Não temos respostas.

Uma notícia alarmante foi publicada na *Folha de S.Paulo* em setembro de 2010 com o título "Remédio controlado vira festa na balada" (Folha, 2010b). Nossos jovens estão usando metilfedinato em pó nas baladas! Estão substituindo as drogas ilegais (cocaína, ecstasy) por drogas legalizadas. Deram a ela até um nome afetivo e íntimo de Rita. Estão cheirando Rita a noite toda associada ao álcool e outras substâncias! O uso medicamentoso do metilfedinato transbordou, portanto, para o nível do divertimento.

Gostaria de ilustrar este estado de coisas com um filme americano de produção independente, a meu ver paradigmático, que passou despercebido em nosso circuito comercial. Trata-se do *Hora de voltar* (2004), e o título original é muito significativo: *Garden State*. O filme foi dirigido, escrito, roteirizado e estrelado por um jovem americano que trabalha numa dessas séries de comédia para adolescentes, Zach Braff. Todo o filme mostra a progressiva desimpregnação do personagem quando resolve suspender as medicações ao voltar para casa em virtude de um chamado urgente de seu pai por conta do falecimento de sua mãe. O pai, um psiquiatra, vem medicando-o desde a infância com drogas psiquiátricas pesadas, tais como lítium, paxil, celexa e depakote, por conta de uma fatalidade acontecida em sua infância e que deixara sua mãe paraplégica, fato esse que levou o pai a diagnosticá-lo como portador de hiperatividade e/ou mania. Descreverei duas cenas do filme que espelham tal situação. A cena número 1 mostra-o, na volta para casa, dentro do avião que está passando por intensa turbulência com risco iminente de cair. Vemos todos os passageiros desesperados, gritando e em pânico, exceto ele, que simplesmente continuou sentado tranquilamente ouvindo música, como se nada estivesse acontecendo ao seu redor, como se ele estivesse blindado, congelado às emoções. O pânico coletivo face ao perigo não o atingia. Na outra cena, ele está contando, tranquilamente, sem esboçar qualquer sentimento, as circunstâncias que causaram a morte de sua mãe para a namorada, que está ao seu lado. Face a essa narrativa trágica, a moça começa a chorar convulsivamente e ele, surpreso, pergunta-lhe o porquê daquele choro. Todo o filme mostra, portanto, o descongelamento progressivo dele e uma verdadeira volta à vida de emoções e de relações.

Por fim, gostaríamos de deixar uma citação de Costa e Silva, (2001) médico psiquiatra:

Há uma verdadeira psiquiatrização ocorrendo na sociedade. Já existem mais de quinhentos tipos descritos de transtornos mentais e de comportamentos. Com tantas descrições, quase ninguém escaparia de um diagnóstico de problemas mentais. Se o sujeito é tímido e você forçar um pouquinho, ele pode ser enquadrado na categoria de fobia social. Se ele tem mania, leva um diagnóstico de TOC. Se a criança está agitada na escola, podem achar que está com TDAH. Casos normais da vida estão sendo encarados como patologias. Hoje em dia se o indivíduo não tomar cuidado e passar desavisado pela porta de um psiquiatra, pode entrar numa categoria dessas e pode sair de lá com um diagnóstico e um tratamento na mão.

Façamos, portanto, parte dessa resistência à artificialização da vida. Vamos trabalhar! Eduquemos as nossas crianças para que elas possam dormir, sonhar, brincar e ter uma vida mais natural e mais tranquila. Seria isso mais uma utopia?

Referências

AGUIAR, A. *A psiquiatria no divã*: entre as ciências da vida e a medicalização da existência. Rio de Janeiro, Relume-Dumará, 2004. p. 31.

AGUIAR, A. *Entre as ciências da vida e a medicalização da existência*: uma cartografia da psiquiatria contemporânea. Rio de Janeiro: Estados Gerais da Psicanálise: Segundo Encontro Mundial. Subtema 2D, 2003.

BENTALL, R. P. *Des paradis plein la tête*. Paris: Poches Odile Jacob, 1994. p. 138.

BIRMAN, J. "Um futuro para a psicanálise?" In: *Revista Brasileira de Psicanálise*, São Paulo, v. 27, n. 4, p. 705, 1993.

BRAFF, Zach. *Hora de voltar*. Filme dirigido e interpretado por Zach Braff, 2004.

CHANGEUX, J. P. et al. "L'Homme Neuronal-Ornicar?". n. 17-18. Lisboa: Dom Quixote, 1979. p. 137-174. In: NOGUEIRA, D. *Psicanálise e medicina*. São Paulo: Escuta, 2008.

COSTA E SILVA, J. A. "Psiquiatria S.A." In: *Veja*. n. 25, p. 11, 2001.

DENNET, D. *Conscious Explained*. New York: Little, Brown and Company, 1991.

DUMAS, A. *Os três mosqueteiros*. São Paulo: Saraiva, 1951. v. I e II.

ESTADO. "Droga para hiperativo tem uso banalizado". *O Estado de S. Paulo*, 8 ago. 2010.

FÉDIDA, P. A. Química do cérebro: um desafio para a psicanálise. In: *La Recherche*, v. 280, out. 1995.

FOLHA. "Americano trata doença mental só com drogas". *Folha de S.Paulo*, 21 ago 2010a.

FOLHA. "Remédio controlado vira festa na balada". *Folha de S.Paulo*, 20 set. 2010b.

FOUCAULT, M. *O nascimento da clínica*. 5. ed. São Paulo: Forense Universitária, 1998.

FREUD, S. *Freud e a cocaína*. Rio de Janeiro: Espaço e Tempo, 1989.

GOMES, C. M. S. “A renúncia como condição da civilização”. In: *As novas doenças da alma*. Rio de Janeiro: Cia. de Freud, 2009.

HELVÉCIA, H. “Para animar a torcida”. *Folha de S.Paulo*, 14 jun. 2010.

HUXLEY, A. *Admirável mundo novo*. Rio de Janeiro: Distribuidora Nacional de Livros, 1966.

LASH, C. *A cultura do narcisismo*. Rio de Janeiro: Imago, 1983.

LEBRUN, J. P. *A perversão comum*: viver juntos sem o Outro. Rio de Janeiro: Cia. de Freud, 2008.

MARTINS, A. L. B. “Biopsiquiatria e biodiversidade: política da Subjetividade contemporânea”. *Psicologia e Sociedade,* v. 20, n. 3, p. 331-339. 2008.

NOGUEIRA, D. *Psicanálise e medicina*. São Paulo: Escuta, 2008.

PARKER-POPE, T. “Déficit de atenção e cônjuges infelizes”. Encarte do *The New York Times* publicado na *Folha de S.Paulo*, 02 ago. 2010.

RANK, O. *El trauma del nascimento*. Buenos Aires: Editora Paidós, 1972.

SIGAL, A. M. “A prioridade do Outro *versus* medicalização”. Disponível em: <http://www.estadosgerais.org/encontro/IV/PT/trabalhos/AnaMariaSigalpdf>. 2004, 13 p. Acesso em: 26 ago. 2010.

SILVA, E.O. “Desafio para a psicanálise”. Trabalho apresentado na Primeiro Jornada do EBEP (Espaço Brasileiro de Estudos Psicanalíticos) em 2008, São Paulo.

Psicanálise e psicofármacos

Ésio dos Reis Filho

O objetivo deste texto é, em um primeiro momento, relatar uma experiência que tenho vivenciado em minha prática clínica nesses últimos tempos e que tenho percebido ser comum a vários colegas, a partir de discussões e trocas de ideias nos grupos profissionais de que tenho participado. A seguir, embasando-me em certos autores, procuro encontrar alguns caminhos teóricos que me permitam uma tentativa de compreensão, dentre várias outras feitas por muitos colegas, das razões pelas quais tais fatos estão ocorrendo em nossa atividade clínica.

Há mais de quarenta anos, iniciei minha prática clínica como médico psiquiatra, dentro dos pressupostos teóricos da então chamada psiquiatria dinâmica, trabalhando tanto em consultório como em instituições.

Aos poucos, a partir da minha própria experiência como analisando, fui me voltando para a psicanálise, até que iniciei, há quase trinta anos, no Instituto Sedes Sapientiae, minha formação como psicanalista, que continua até hoje.

Tal história profissional me levou a uma situação particular na qual me dedico à psiquiatria clínica, seja medicando, internando, seja atendendo pacientes como médico psiquiatra; além disso, atuo como psicanalista e atendo pacientes em psicanálise ou em psicoterapia psicanalítica.

A partir dessa dupla inserção profissional, ocorre o seguinte: como estou ligado a vários grupos de psicanalistas, seja ministrando aulas ou participando de grupos de estudos, acabo recebendo encaminhamentos de colegas para que seus analisandos sejam avaliados e/ou acompanhados do ponto de vista psiquiátrico, na maior parte das vezes, implicando a retirada, alteração ou prescrição de psicofármacos.

Tais encaminhamentos sempre ocorreram de uma forma mais ou menos rotineira. Quando me referi, no início desse texto, à experiência que eu estava vivenciando nesses últimos anos e que eu queria reportar, tratava-se exatamente do grande aumento na frequência desses encaminhamentos, dessas solicitações, por parte dos colegas psicanalistas, de que seus analisandos fossem avaliados psiquiatricamente e, se necessário, medicados.

Psicofarmacologia e pós-modernidade

Nesta nossa época que se convencionou chamar de pós-modernidade, assistimos a um avassalador e por vezes desnorteante progresso da tecnologia nos mais variados ramos das atividades humanas. Obviamente, isso tem ocorrido também na indústria farmacêutica e em relação ao que nos interessa nesse momento, os psicofármacos. Desde 1950, quando o primeiro neuroléptico começou a ser utilizado, a cada dia e com uma velocidade cada vez mais impressionante, novas drogas são lançadas no mercado.

A psiquiatria conta com um vasto e crescente arsenal medicamentoso, cada vez mais preciso e efetivo em seus objetivos de remoção dos sintomas, com cada vez menos efeitos colaterais desagradáveis. Já há alguns anos, com a introdução da fluoxetina como antidepressivo, passamos a contar com as assim chamadas “pílulas da felicidade”, que vão se sucedendo num vórtice progressivo, estonteante, de novas, novíssimas gerações.

Neste mundo globalizado, e com o incrível progresso e abrangência da propaganda, cada vez mais pessoas são alcançadas por essas mensagens, e elas passam a acreditar que se tornou obsoleto e fora de moda sentir-se angustiado ou enfrentar algum sofrimento.

Se atentarmos para os variados exemplos da mídia num curto intervalo de tempo, veremos coisas como:

- revista *Veja,* de 5 de maio de 2004: a reportagem de capa sobre TOC termina assim: "Ninguém está mais condenado a viver refém da própria mente", p. 139.
- revista *Veja,* de 12 de maio de 2004: "Uma nova droga congestiona ainda mais o concorrido mercado mundial de antidepressivos: a duloxetina (Cymbalta). Um comprimido do remédio por dia seria suficiente para melhorar sintomas como ansiedade, pessimismo, sentimentos de culpa, pensamentos suicidas e choro fácil", p. 65.
- revista *Época*, de 10 de maio de 2004, em reportagem de capa: "Os herdeiros do Prozac: depois de um ano, 89% dos pacientes apresentaram alguma resposta à duloxetina e 82% ficaram livres de todos os sintomas da depressão", p. 78. "Os médicos estão receitando antidepressivos para tratar ansiedade, obesidade e dores em geral", p. 81.
- entrevista na *Folha de S.Paulo* de 3 de maio de 2004 com o neurocientista António Damásio, do Departamento de Neurologia da Universidade de Iowa, EUA, em que ele diz que "estados de espírito como tristeza, orgulho, empatia e amor são manifestações de um mecanismo biológico responsável pelo equilíbrio geral do organismo (a homeostase)".
- artigo da *Folha de S.Paulo*, de 10 de abril de 2004, no qual lemos que: "USP e Unifesp usam radiação em cirurgia de tratamento de transtorno obsessivo-compulsivo; técnica vem dos EUA".
- *Psicorreio* de 13 de maio de 2004 anuncia o Encontro de Neuropsicanálise, em maio de 2004, em São Paulo, com a presença do criador desta entidade híbrida entre neurociência e psicanálise, o americano Dr. Mark Solms.

Já dizia Caetano Veloso, "Cada um sabe a dor e a delícia de ser o que é." Nos dias de hoje, porém, ninguém mais quer saber da dor inerente a ser o que se é. A mídia não para de gritar, o tempo todo, no ouvido de todo mundo, que a dor "já era", podemos viver apenas as delícias de sermos o que somos, desde que devidamente "turbinados", pelas, cada vez mais fantásticas, "pílulas da felicidade"!

Quem há de resistir à doçura de tal "canto das sereias"? Não há mastro, por melhor que estejamos nele amarrados, que dê conta de nos impedir de mergulhar, sofregamente, nessa busca mágica, química, mecânica, de satisfação, bem-estar e felicidade.

A quase totalidade de nossos analisandos ou pacientes em psicoterapia psicanalítica, cedo ou tarde, acaba deitando-se no divã e dizendo: "O senhor leu sobre a droga X ou Y em tal ou qual jornal ou revista? O que o senhor acha dela?"

Sim, são pacientes mergulhados nesta nossa cultura pós-moderna, já chamada de "sociedade do espetáculo" (Debord, 1997) ou de "cultura do narcisismo" (Lash, 1979). É perfeitamente compreensível e esperado que tenham esse funcionamento.

Para que pensarmos demais, mergulharmos em questões sofridas, próprias da vida dos mortais comuns, se podemos contar, como os habitantes do Olimpo, com a mágica de gotículas do néctar dos deuses que, sob a forma de "pílulas da felicidade", porão a nosso serviço sua química extremamente aperfeiçoada, permitindo-nos, na maioria das vezes, driblar tristezas e sofrimentos que, eventualmente, se coloquem em nosso caminho?

Psicanálise e pós-modernidade

Podemos perceber o quanto a psicanálise está na contracorrente desse panorama tecnológico atual. Não que a psicanálise desconsidere a utilidade dos psicofármacos que, em muitos casos, chegam a desempenhar um papel heroico no tratamento de certos pacientes.

Joel Birman afirma que foi necessário Freud deixar a cocaína para que pudesse inventar a psicanálise.

A questão é que, em seu âmago, ela visaria não apenas supressão do sintoma, mas sim um aprofundamento, um mergulho na angústia, no sofrimento do paciente, por meio do qual analista e paciente poderiam ter uma melhor compreensão do papel que tal sintoma está desempenhando na organização psíquica desse paciente.

> *Com a angústia estamos no cerne das significações patológicas. Sob todos os mecanismos de proteção que singularizam a doença, revela-se a angústia e cada tipo de doença define uma maneira específica de reagir a ela (...). Pode-se, então, dizer, de certo modo, que é através da angústia que a evolução psicológica transforma-se em história individual; de fato, é a angústia que unindo o passado e o presente situa-os um em relação ao outro e confere-lhes uma comunidade de sentido (...)* (Foucault, 1975, p. 50).

Portanto, numa escuta psicanalítica, o sintoma não é um corpo estranho que atrapalha, que deve ser eliminado, mas sim um elemento precioso, entre outros, para possibilitar que o paciente compreenda a si mesmo, conheça-se melhor, em outras palavras, tome posse de si como um ser desejante, que se responsabilize pelo seu desejo, seja para sua felicidade, seja para seu sofrimento, independentemente do diagnóstico psicopatológico que venha ou não a receber.

> *Todos os estudos sociológicos mostram igualmente que a sociedade depressiva tende a romper a essência da vida humana. Entre o medo da desordem e a valorização de uma competitividade baseada unicamente no sucesso material, muitos são os sujeitos que preferem entregar-se voluntariamente a substâncias químicas a falar de seus sofrimentos íntimos. (...) Se o limiar de tolerância dos pacientes baixou e se seu desejo de liberdade diminuiu, o mesmo acontece com os médicos que receitam ansiolíticos e antidepressivos. Uma pesquisa recente, publicada pelo jornal* Le Monde, *mostra que inúmeros clínicos franceses, sobretudo os que cuidam de emergências,*

não estão em melhores condições que seus pacientes. Inquietos, insatisfeitos, atormentados pelos laboratórios e impotentes para curar, ou, pelo menos, para escutar uma dor psíquica que os transcende cotidianamente, parecem não ter outra solução senão atender à demanda maciça de psicotrópicos. Quem se atreveria a culpá-los?" (Roudinesco, 2000, p. 30).

Os psicanalistas e a pós-modernidade

Ocorre que não apenas os pacientes e os médicos são produtos dessa cultura, os psicanalistas também. Estes igualmente ouvem o "canto da sereia" e, afinal, apesar de sermos postos no lugar do sujeito-suposto-saber, realmente somos mortais comuns, sabemos muito pouco e, por vezes, estamos muito atrapalhados com nossas próprias dores e nossos próprios sofrimentos.

O que quero chegar a evidenciar é que todos nós, pacientes, psicanalistas, médicos e psiquiatras, somos produtos do mesmo caldo cultural da pós-modernidade. Estamos todos igualmente impregnados pelos valores pós-modernos. Talvez por isso, enquanto escrevo, percebo que ora uso a terceira pessoa do plural (eles), ora a primeira pessoa do plural (nós), pois sob esse ponto de vista, somos todos iguais, isto é, o "canto da sereia" acima referido é tão tentador para o paciente quanto para o psicanalista.

Dentro desse panorama, podemos arriscar pensar como é difícil para a dupla analisando–analista realmente se jogar para valer na situação analítica propriamente dita, com todas as suas incertezas, falta de garantias, intenso nível de sofrimento tanto de um como de outro. Freud refere-se ao analista como alguém que se propõe a lidar com os demônios da alma humana e que deverá pagar o preço dessa ousadia.

Citando Roudinesco novamente:

> *A psicanálise parece ser ainda mais atacada hoje em dia por haver conquistado o mundo através da singularidade de uma experiência subjetiva que coloca o inconsciente, a morte e a sexualidade no cerne da alma humana* (Roudinesco, 1999, p. 35).

Levando em conta o "espírito da época", fica mais fácil entendermos como, tanto para o paciente quanto para o analista, a tentação de um encaminhamento para o psiquiatra passa a se impor a cada momento em que essa dupla se depara com situações assim difíceis e sofridas, a serem enfrentadas, "ao vivo e em cores", no calor do embate transferencial que deverá estar em curso se a análise realmente estiver ocorrendo.

Continuando com Roudinesco (1999, p. 41):

> *Em lugar das paixões, a calmaria, em lugar do desejo, a ausência de desejo, em lugar do sujeito, o nada, e em lugar da história, o fim da história.*

A grande dificuldade dessa colocação toda é conseguirmos avaliar qual seria a pertinência desses encaminhamentos serem ou não feitos pelos psicanalistas, uma vez que realmente dispomos, hoje em dia, de drogas extremamente eficientes e úteis. Então, a que altura dos acontecimentos tais encaminhamentos deixariam de ser resistência da dupla à análise e se constituiriam não numa atuação (*acting out*), seja do paciente, seja próprio psicanalista, mas sim numa ação necessária e útil para o prosseguimento da análise?

Uma possibilidade de compreensão

> *Os gregos não possuíam um termo único para exprimir o que queremos dizer com a palavra "vida". Serviam-se de dois termos, semântica e morfologicamente distintos, ainda que reportáveis a um étimo comum:* zoé, *que exprimia o simples fato de viver comum a todos os seres vivos (animais, homens*

ou deuses) e bíos, *que indicava a forma ou a maneira de viver própria de um indivíduo ou de um grupo* (Agamben, 2002).

Portanto, os gregos e romanos, na época clássica, diferenciavam a simples vida natural ou vida nua (*zoé*) de uma vida qualificada, um modo particular de vida (*bíos*). Foi Aristóteles, em sua *Política*, quem explicitou claramente essa diferenciação. A vida nua não valia a pena ser vivida, apenas a vida qualificada teria sentido. Quando Sócrates foi impedido de continuar vivendo sua vida qualificada, ensinando aos jovens, ele tomou cicuta.

Essa contraposição *vida nua x vida qualificada* é usada por Agamben para aprofundar os clássicos estudos de Foucault sobre as transformações de que o *poder* foi sendo objeto no decorrer dos tempos.

Em suas teorizações, Foucault vai estudar a transformação do "Estado territorial" em "Estado de população": na época clássica, o poder do Soberano era baseado na extensão territorial de seu Estado. Um dos elementos do limiar da modernidade é a entrada em cena da população, como a base do poder do Soberano, a partir do século XVII.

> *As disciplinas do corpo e as regulações da população constituem os dois polos em torno dos quais se desenvolveu a organização do poder sobre a vida. (...) A velha potência da morte que simbolizava o poder soberano é agora, cuidadosamente, recoberta pela administração dos corpos e pela gestão calculista da vida. (...) Abre-se, assim, a era do biopoder* (Foucault, 1988, p. 131).

Houve uma mudança drástica na importância política dos indivíduos enquanto simples corpos viventes, uma "explosão, portanto, de técnicas diversas e numerosas para obterem a sujeição dos corpos e o controle das populações" (Foucault, 1988).

Dessa forma, o biopoder ou poder disciplinar vai iniciar uma série de movimentos visando o cuidado e a proteção da vida da população. Surgem, então, as práticas da higiene, da medicina, a assistência social, a valorização da sexualidade, enfim, todo o desenvolvimento tecnológico do mundo moderno, visando atingir aquele objetivo.

O que Agamben procura esclarecer é que todo esse esforço de cuidar da vida dirige-se, na verdade, à vida nua. É ela que deve ser desenvolvida, em detrimento da vida qualificada, para que a população possa transformar-se em uma massa homogênea dócil, passível de ser manobrada e disciplinada pelo biopoder.

Assim, a vida qualificada vai sendo desvalorizada, à medida que as estratégias políticas do biopoder dirigem-se à massa populacional, encarada como simples corpos viventes, que devem ser cuidados e protegidos de forma cada vez mais eficiente.

Tal estado de coisas chega a um ápice na pós-modernidade:

As famílias devem atentar para o planejamento familiar e, em caso de esterilidade, temos inseminação artificial, fecundação in vitro, barriga de aluguel, doação de óvulos, etc.; se for desejado um filho só seu, sem participação de um parceiro, está disponível a clonagem; as gestantes todas devem fazer acompanhamento pré-natal; as crianças devem ser todas vacinadas com as mesmas vacinas; as nutricionistas criam dietas-padrão para cada faixa etária; os corpos deverão ser belos e saudáveis, seja através de cirurgias plásticas padronizadas, lipoesculturas, botox, 200 gramas de silicone aqui, 300 acolá, etc., ou através de infindáveis horas de “malhação” nas academias de ginástica; todos os tórax, cinturas, bíceps, nádegas, seios, etc. deverão ficar com as mesmas medidas, veiculadas pelas mesmas celebridades; tais corpos uniformes deverão estar revestidos pelos mesmos jeans, aceitando-se pequenas variações como as exibidas por Gisele Bündchen e compradas na C&A; todos deverão ter suas casas próprias, de preferência com três dormitórios, sendo uma suíte; os carros de todos devem ser muito semelhantes, geralmente minivans cor prata, todos com um ano de garantia; os filhos devem frequentar escolas que ensinem as mesmas matérias para todos, quer gostem ou não e, no devido tempo, deverão encontrar um tema, obter os mesmos créditos e defender suas teses de mestrado e/ou doutorado; ao menos uma vez por semana, todas as crianças deverão ir a uma das centenas de lojas do McDonald's espalhadas pelo planeta e comer os mesmos sanduíches de sempre; por ocasião das eleições, todos deverão votar em Paulo Maluf, que rouba, mas faz; aos domingos, todos deverão ir a algum templo de algum tipo de religião e ficar pedindo, em altos brados, com os membros superiores dirigidos para cima, que Jesus, ou alguma outra entidade do gênero, os cure de suas doenças e sofrimentos; todos os portadores de câncer deverão fazer suas respectivas quimioterapias, sofrendo até o fim com seus terríveis efeitos colaterais; a partir dos 60 anos de idade, todos que necessitarem deverão fazer suas pontes de safena ou prostatectomias; todas as famílias que tenham doentes terminais deverão interná-los em alguma UTI, para que lá possam morrer sem serem vistos em situação tão degradante e seus corpos deverão ser, de preferência, cremados, enquanto a família e amigos aspiram o perfume espargido pelo ambiente do crematório.

Então, isso tudo é a vida nua, por mais que esteja hierarquizada em diferentes graus de eventos piores ou melhores. E tem muito, muito mais. A que distância estamos da *bíos*, que seria a forma ou maneira de viver própria de um indivíduo ou de um grupo?

Tal diferenciação entre vida nua e vida qualificada me pareceu extremamente fértil em termos de estimulação do pensamento, lançando, talvez, um pouco de luz sobre alguns fatos da atualidade, muito intrigantes e que clamam por uma possibilidade de compreensão. Estou me referindo, por exemplo, aos garotos que, repentinamente, metralham colegas e professores em suas escolas, ou aos homens-bomba palestinos. Poderíamos pensar que, "ao estourarem o outro ou ao se explodirem", esses indivíduos estariam escapando aos horrores da vida nua e recuperando, de uma maneira tresloucada, obviamente, a sua vida qualificada no próprio momento em que se explodem, pagando o preço da morte por essa recuperação.

Mas voltando à questão inicial deste texto, penso que poderíamos acrescentar à caracterização (ou caricaturização) da vida nua alguns itens:

- todos deverão ter seus quadros clínicos de pânico ou de depressão, em função do desamparo instalado após a morte de Deus;
- todos deverão conseguir que algum médico, psiquiatra ou não, lhes prescreva o antidepressivo de última geração;
- todos deverão acreditar que, após tomá-lo, sentir-se-ão felizes, apesar de todos os pesares.

> *Longe de construir seu ser a partir da consciência das determinações inconscientes que o perpassam à sua revelia, longe de ser uma individualidade biológica, longe de pretender-se um sujeito livre, desvinculado de suas raízes e de sua coletividade, ele se toma por senhor de um destino cuja significação se reduz a uma reivindicação normativa. (...) Cada paciente é tratado como um ser anônimo, pertencente a uma totalidade orgânica. Imerso numa massa em que todos são criados à imagem de um clone, ele vê ser-lhe receitada a mesma gama de medicamentos, seja qual for o seu sintoma* (Roudinesco, 2000).

Dentro dessa compreensão, poderíamos pensar que a angústia seria o resultado da perda da vida qualificada. Quem consegue driblar a angústia consequente à perda dessa qualificação, por meio da hierarquização da vida nua, de certa forma se aliena, mas assim consegue ir vivendo...

Podemos, agora, fazer mais algumas considerações a respeito da questão psicanálise-psicofármacos.

A psicanálise se constituiria numa resistência ao biopoder na medida em que, em sua essência, busca a singularidade do sujeito, um estilo de existência particular de cada um, a constituição ou recuperação de sua vida qualificada. A angústia e a depressão, consequentes à falta de garantias e ao desamparo - dentro da concepção freudiana do rochedo da castração em "Análise terminável e interminável", de 1937 (Freud, 1996) -, e, em última instância, à pulsão de morte, que se constituiriam em valores da vida qualificada, tornam-se indesejáveis no gerenciamento político do biopoder e deverão ser eliminados quimicamente, por intermédio de medicamentos, ou de alguma outra forma, sejam procedimentos de certa medicina paralela, sejam religiosos, mágicos, místicos etc.

Isso tudo posto, algumas questões se impõem:

- Para onde iremos?
- Será que a vida nua triunfará e nos transformaremos numa massa amorfa, porém dócil, disciplinada, manipulável, religiosa, drogada, robotizada?
- A química dos psicofármacos terá condições de atuar preservando a possibilidade de uma singularidade individual?

Essas e muitas outras questões permanecem no ar, provocando muita angústia nesta nossa era pós-moderna. Os panicados e os neuróticos que nos procuram que o digam!

Talvez nós mesmos pudéssemos dizê-lo. Ou talvez seja mais prudente nos calarmos, pois está na hora de irmos para a academia fazer ginástica...

Referências

AGAMBEN, G. *Homo Sacer*. Belo Horizonte: Ed. UFMG, 2002.

FOUCAULT, M. *Doença mental e psicologia*. Rio de Janeiro: Edições Tempo Brasileiro, 1975.

FOUCAULT, M. *História da sexualidade*: a vontade de saber. Rio de Janeiro: Graal, 1988. vol. 1.

FREUD, S. "Análise terminável e interminável" In: *Obras completas de Sigmund Freud*, Vol. XXIII. Rio de Janeiro: Imago, 1996.

ROUDINESCO, E. *Por que a psicanálise?* Rio de Janeiro: Jorge Zahar, 2000.

Medicina, psiquiatria e psicanálise

Oscar Miguelez

De forma ampla e geral, o termo "medicalização" refere-se ao fato de a medicina interferir na vida dos homens, determinando modos de pensar, criando regras de higiene, prescrevendo comportamentos tidos como saudáveis. Dos recentes "não fumar" ou "não ingerir gorduras", até as antigas curas nas estações de águas termais, a medicina participa ativamente na criação de normas que regulam nossa ação.

De modo mais apurado, "medicalização" é um conceito que nasce ligado à obra de Foucault. Para o autor, o exercício moderno do poder implica a normalização dos indivíduos e das populações, e é a medicina a principal encarregada de exercer esse papel normalizador. O termo "medicalização", então, faz referência à função política da medicina e a esse processo que se caracteriza pela extensão indefinida e sem fronteiras da intervenção do poder médico.

Foucault situa 1788 como o ano emblemático da passagem do que ele denomina dispositivo do poder soberano para o dispositivo do poder disciplinar. Foi naquele ano que se produziu o fato histórico do tratamento da loucura de Jorge III, rei de Inglaterra. Nessa cena, opera-se uma coroação ao contrário: o rei é destituído de seus poderes em função de sua loucura; em lugar do poder do soberano, surge um poder anônimo, sem nome, sem rosto, repartido entre diferentes pessoas, que impõe docilidade e submissão. Trata-se do poder médico, braço direito do poder disciplinar.

O processo de consolidação do poder médico é lento, trabalhoso e progressivo. Corre paralelamente à construção da própria medicina como ciência e encontra no modo de conceber suas origens pretensas justificativas epistemológicas. Efetivamente, no discurso que a medicina monta a respeito de si mesma, afirma-se sempre a existência de um único espírito presente desde sua remota origem na Grécia antiga até os dias de hoje. Essa visão é unificadora, isenta de rupturas, e nela a relação médico-doente confunde-se com o surgimento da própria medicina, assim como o leito do enfermo é situado como campo de observação e de experiência presente desde os primórdios. Também faz parte dessa visão acreditar que, se a medicina permaneceu por séculos submersa nas mais obscuras trevas, isso se deveu à férrea presença de princípios alheios a ela que impediram, aos médicos, desenvolverem sua curiosidade, sua ânsia de saber, para assim obter uma leitura mais apurada dos fatos. A proibição de autopsiar cadáveres foi considerada o maior obstáculo para a constituição de uma medicina científica, a maior barreira erguida contra o que seria sua inclinação "espontânea" pelo empírico e sua aversão, tida como "natural", pelos sistemas e teorias.

Na análise feita por Foucault, essa postura, juntamente com a desconsideração de obscuras teorias e sistemas que prevaleceu durante séculos, deve-se à necessidade de prover às instituições hospitalares, e aos métodos clínicos por elas empregados, um estatuto ao mesmo tempo histórico e universal, ou seja, "(...) valoriza-os como restituição de uma verdade eterna, em desenvolvimento histórico continuo" (Foucault, 1987, p. 62). Com isso, a medicina consolida seu poder e seu prestígio na sociedade, afirmando-se como saber desprovido de contradições, livre de interpretações, indiscutível.

Em oposição a essa imagem unificadora, Foucault afirma que a clínica só surgiu no final do século XVIII, e é unicamente a partir desse momento que se constituiu como instrumento por excelência da prática médica. Segundo Foucault, para que o pensamento clínico surgisse, houve necessidade de profundas transformações epistêmicas. A mais importante delas foi a possibilidade de transtrocar as relações clássicas de conhecimento enraizadas na universalidade e, com isso, permitir que o olhar de um sujeito singular (o do médico) sobre outro indivíduo (o paciente) fosse pensado com a seriedade da cientificidade. Com efeito, a clínica supõe que entre as palavras e as coisas se estabeleça uma nova aliança fazendo ver e dizer.

Nesse sentido, Foucault tem ressaltado que o pensamento clínico não é um retorno à modéstia do percebido; não é um discurso ingênuo livre da influência perniciosa de sistemas e teorias, e se ele foi frequentemente visto como um pensamento aparentemente inocente foi para fortalecer o poder da medicina. Com efeito, ver-se independente de linguagens e teorias permite à medicina emitir seus julgamentos como vindos do âmago mesmo da realidade das coisas, sem ficar exposta a debates ou confrontos oriundos de teorias contrastantes ou de outros pontos de vista possíveis. O saber médico afirma-se, então, como saber autônomo fundado na observação, a qual seria resultado de profunda intimidade com a natureza das coisas.

A criação dos hospitais nasceu paralelamente ao desenvolvimento da clínica e também representou um fato que impulsionou ainda mais o poder da medicina. O ensino da medicina encontra no hospital o território exclusivo para seu desenvolvimento e o lugar da transmissão de seu saber. O saber médico fica confinado ao hospital. Doutores e oficiais de saúde formam-se no seu âmbito. Doentes e doenças "desenvolvem seus enredos no palco hospitalar" (Foucault, 1987), para nos valer da fina prosa desse autor. Diagnóstico, tratamento e transmissão fizeram do hospital o lugar restrito de conjunção de saberes técnicos, teóricos e práticos; sua criação favoreceu um novo modo de cientificidade e conseguiu erguer-se como novo dispositivo de poder: o poder médico, da Ordem médica.

Contudo, o passo decisivo para a medicina consolidar seu poder e entrar definitivamente no campo da cientificidade estava por dar-se. É finalmente com Bichat e o método anatomoclínico que a medicina encontrou seu objeto nos tecidos. A clínica subordina-se à pesquisa anatomopatológica; junto ao leito do doente, instala-se a figura do seu cadáver. O morto recompõe o campo. A medicina se reorganizará, a partir disso, como um corpo complexo e coerente em que se reúnem uma forma de experiência, um método de análise e um tipo de ensino. A imagem de realismo e empiricismo que emerge desse casamento, porém, também apresenta um viés duplamente ilusório.

Por um lado, o empirismo não é garantia de verdade; é uma filosofia, um modo de conceber a realidade. Por outro, a "causa" da doença foi se afastando cada vez mais da condição palpável: dos órgãos aos tecidos, dos tecidos às células, das células às proteínas, das proteínas aos elementos químicos, para não falar das máquinas, da estimativa estatística, dos "fatos" criados pela manipulação em laboratório, da quantia de complexas teorias de diversas origens embutidas nos procedimentos etc. As evidências da medicina baseada em evidências com as quais, a princípio, todos parecem concordar, são cada vez menos evidentes. Essa realidade, porém, deve ser ocultada, e as afirmações, os ditames, as normas emanadas do saber médico devem parecer o resultado de um consenso anônimo, isento de contradições, produto de uma cientificidade cada vez mais apurada que coloca suas afirmações acima de qualquer suspeita. A medicina como "ciência da saúde" deve deslocar progressivamente sua antiga imagem de "arte de curar".

Ora, o que permitiu afiançar o campo da patologia geral criou dificuldades no caso da psiquiatria. A situação da psiquiatria apresenta-se particularmente problemática, tanto no contexto da medicina como um todo, como na sua relação com o âmbito social. No plano estritamente médico, o caráter mental das afecções – sem lesões ou tecidos alterados – tornou complexa a aderência prática à tendência geral da medicina inaugurada por Bichat; além disso, levou à necessidade de elaboração de hipóteses psicogenéticas e de teorias oriundas de outros campos, olhadas com desconfiança pela outras especialidades médicas.

Esse dualismo transforma-se em encruzilhada e coloca a psiquiatria frente a um duplo risco: de um lado, sua adesão ao âmbito da medicina empurra-a para um organicismo, mais de princípios que de constatações, o que a coloca como "prima pobre" daquela; de outro, sua necessidade de hipóteses psicológicas dilui seu pertencimento ao campo médico. No entanto, a maioria dos psiquiatras aderiu ao organicismo e sente-se mais segura dentro desse campo. Com o atual desenvolvimento das neurociências, o "perigo" é a psiquiatria diluir-se no amplo campo da neurologia.

Além disso, a situação da psiquiatria torna-se ainda complexa dada sua particular inserção no campo social. Seu surgimento em fins do século XVIII encontra-se articulado ao âmbito da higiene pública e associa-se ao Poder Judiciário. Foucault denunciou essa ligação e mostrou com veemência quanto do saber psiquiátrico foi forjado a partir da necessidade de se criarem argumentos científicos que justificassem medidas de proteção social. A loucura foi codificada como perigo, e a psiquiatria passou a deter um saber que poderia orientar medidas de higiene pública. A imbricação da psiquiatria com o poder - o poder disciplinar, na terminologia de Foucault – altera radicalmente sua posição de "prima pobre" para o de "prima rica", no sentido de deter uma força maior do que qualquer outro ramo da medicina: o da interdição.

A implementação de medidas de proteção, para a sociedade e para as famílias, continua sendo assumida como tarefa pela psiquiatria e pelos psiquiatras. O relato de uma situação clínica ilustra bem essa encruzilhada. Trata-se do caso de uma escriturária de uma repartição qualquer que, psicótica por anos - para não dizer desde sempre -, encontrou formas de manter laços com o mundo, ou, como hoje está em voga dizer, encontrou uma forma de estabilização que lhe permitiu manter-se longe de hospitais, internações e neurolépticos. Vivia de seu emprego, desempenhando tarefas burocráticas que a mantinham em contato com colegas; tinha uma vida de relação relativamente autônoma, mas existia um porém: sua extravagância se expressava na sua mesa de trabalho repleta de objetos bizarros que se acumulavam, dando a nota discordante que fazia evidente sua condição. Por causa de uma mudança de chefia, a tolerância mantida por longos anos se quebrou. Encaminhada pelos seus chefes "para a psiquiatria", foi feito o diagnóstico que apontou o que já era sabido por todos. Depois de uma internação sem resultados "positivos" do quadro, ela foi primeiramente licenciada por longos períodos e posteriormente aposentada por invalidez. Apesar de implementados os recursos terapêuticos existentes, nunca mais recuperou o frágil equilíbrio, nem os laços mantidos por anos. A intervenção, feita a pedido da sociedade, mesmo que realizada com o intuito de obter melhoras no estado da paciente, e com boas intenções por parte de todos os envolvidos, teve um resultado paradoxal, oposto ao esperado.

Lembremos que a tarefa de proteção social e a função normalizadora da psiquiatria deu lugar à figura do asilo. É conhecida a triste história dos asilos. Originalmente concebido por Philippe Pinel (2007) como palco de luta e guerra contra a persistência da loucura, utilizando as armas do tratamento moral, sob a influência de correntes mais organicistas tornou-se lugar de prática de "higiene cerebral"(Bercherie, 1989, p. 42), modo de poupar o cérebro doente, e culminou sua carreira como mero depósito de loucos. A figura do asilo, ou manicômio, como também ficou conhecido, desencadeou correntes radicalmente opostas a ele, as quais configuraram o movimento antipsiquiátrico, de consequências presentes ainda hoje e que se refletiram na Luta Antimanicomial, sustentada como política de saúde mental por alguns governos, inclusive o brasileiro. Nenhum outro ramo da medicina gerou um movimento como esse. Impossível imaginar uma "anticardiologia" ou um movimento "antioftalmológico". Conhecemos, porém, o movimento antipsiquiátrico.

Embora não se possa pensar a antipsiquiatria a não ser como parte integrante da própria psiquiatria, sua existência deve ser entendida como uma chamada à atenção e à prudência para que se julguem a solidez e a consistência dos conceitos que a psiquiatria maneja.

A antipsiquiatria, porém, não é a única voz crítica dentro da psiquiatria. O preconceito organicista que atravessa a psiquiatria como um todo já fora enunciado em 1913 por Karl Jaspers, na célebre *Psicopatología general*. Segundo Jaspers, é preconceito privilegiar sempre o somático ou considerar que "falar do psíquico é provisório e significa só um sucedâneo sem verdadeiro valor de conhecimento" (Jaspers, 1993, tradução nossa). Também é preconceito achar que "todo interesse psicológico pela esquizofrenia se extinguirá no momento em que se torne conhecido o mecanismo somático da doença que constitui seu alicerce" (Jaspers, op. cit., p. 25).

Apesar de denunciado, o preconceito organicista tem ganhado força. É nesse organicismo que convém deter-se mais um pouco.

Em 1989, Guze escreve um artigo intitulado "Psiquiatria biológica: Existiria algum outro tipo?" (Guze, 1989 apud Serpa Jr., 1989); Tissot também afirma que "... a associação da biologia à psiquiatria deveria constituir um pleonasmo..." (Tissot apud Serpa Jr., op. cit., p. 239). Essas afirmações constituem o que Serpa Jr. denomina "remedicalização da psiquiatria", desencadeada como resposta à hegemonia da psicanálise nos anos 1950. A "remedicalização", com epicentro nos Estados Unidos a partir dos anos 1980, tem como pressuposição central que o cérebro é o "órgão da mente", e sua estrutura e funções são as únicas bases sólidas para uma psiquiatria que aspire a chamar-se científica. Ao pretenso reducionismo psicanalítico opõe-se outro.

Qual o seu efeito?

O reducionismo biológico no âmbito da psiquiatria tem se transformado na maior fonte de desresponsabilização dos nossos dias. O sujeito, ancorado no mau funcionamento de seus neurotransmissores, o que é reforçado por slogans divulgados pela mídia e até pelos próprios psiquiatras, não se vê incluído na doença que o aflige. Sua vida, sua história, seus conflitos perdem significância e, em seu lugar, emerge uma lógica de desarranjos químicos que não o implicam; ao contrário, excluem-no como sujeito, como artífice de sua própria vida. Para cada um dos sentimentos que compõem o espectro das reações humanas, muitos dos quais açoitam a humanidade desde sempre, parece oferecer-se hoje uma intervenção medicamentosa que os elimina, modera-os ou normaliza. Angústia, medo, tristeza ou alegria encontram na moderna farmacologia modos de intervenção eficaz.

Para nós, não se trata de negar a ação dos medicamentos, tampouco negar a existência de modificações químicas que acompanham os processos psicológicos, o que representaria um outro modo de reducionismo. A existência de mudanças químicas correlativas a estados psicológicos é conhecida há tempos.

O ponto de conflito, o que perturba criando nova problemática, tem a ver com as causalidades envolvidas, com o peso que se pretende atribuir à bioquímica, aos neurotransmissores cerebrais, transformando-os num fator hegemônico e negando a participação e até a existência de outros. Trata-se também de articular saberes cujas estruturas são diferentes.

A psiquiatria biológica opera seu recorte demarcando um campo que não inclui nem o sujeito, nem a linguagem, nem a pulsão. Focaliza o cérebro. Desenvolve sua pesquisa dentro dessa demarcação, e, assim, colhe seus frutos. O problemático aparece quando o resultado do recorte feito pretende impor-se como hegemônico ou como aquele que abrange a totalidade dos fenômenos envolvidos. Problemático é também não admitir outros recortes possíveis.

Num artigo pouco visitado, de 1890, "Tratamento psíquico (ou anímico)", Freud (1996) elogia os avanços da medicina em decorrência da anatomopatologia e da microbiologia, mas também denuncia o peso excessivo atribuído aos fatores orgânicos. Para Freud, o temor de perder o terreno seguro da cientificidade seria um dos motivos que levaram os médicos a enfatizar demasiadamente o vínculo entre o físico e o anímico, descuidando das relações inversas, do anímico sobre o somático. Essa quase interpretação psicanalítica dos temores fóbicos dos médicos foi feita por Freud em 1890, sem grandes resultados, como é possível comprovar-se atualmente. Esse temor, afirma Freud, levou a pensar que o "funcionamento intelectual estaria ligado à existência de um cérebro normalmente desenvolvido e suficientemente nutrido" (Freud, op. cit., p. 116), e que qualquer adoecimento mental era decorrente de falências no funcionamento desse órgão.

A esse ponto de vista, Freud contrapõe o papel dos afetos. É valorizando o poder dos afetos, sobre o corpo e sobre a mente – os pensamentos, as representações –, que Freud encontra o "tratamento anímico"; tratamento feito tendo como instrumento a palavra. Esse outro ponto de vista reordena o campo da clínica, cria ruptura. Surge uma clínica da escuta, do exercício da palavra; ao "ver" contrapõe-se o "escutar"; ao intervir no corpo, emerge o falar. Essa seria a abordagem mais antiga empregada pela medicina na sua história, afirma Freud.

O poder das palavras está no centro do "tratamento da alma". O que da doença mais interessara a Freud não haviam sido seus determinantes orgânicos. Embora partidário dos ensinamentos de Bichat, desde seu contato com Charcot e os estudos de histeria, seu interesse recaiu sobre o anímico. Preocupado com a cientificidade, reclamou para as doenças da alma, ou doenças provocadas por motivações psicológicas, a mesma cientificidade atribuída às doenças com causa orgânica. Embora seja óbvio dizê-lo, é bom lembrar que a postulação do aparelho psíquico foi o ponto axial que marcou a diferença com a psiquiatria. Ali onde os psiquiatras viam o cérebro, paradoxalmente, o neurologista Freud enxergava o aparelho psíquico. Ali onde a psiquiatria via déficit de funcionamento cerebral (alteração da percepção, do juízo, do pensamento), Freud enxergava o funcionamento regressivo do aparelho psíquico motivado pelo conflito. Trata-se de recortes diferentes. Não acredito que possam integrar-se. Poder-se-ia esperar que ao menos consigam respeitar-se, porém.

A psiquiatria tem mudado muito nesses últimos anos. G. Lantéri-Laura descreve o que chama a contragosto de período "pós-moderno" dentro da psiquiatria (1977 até os dias atuais), como um período no qual emerge uma orientação que se apodera do campo da psiquiatria em escala planetária. Ela pretende estar desprovida de toda teorização, "ignorando deliberadamente que o empirismo é uma filosofia entre outras" (Lantéri-Laura, 2004, p. 2, tradução nossa), e reduz a psiquiatria a uma justaposição de síndromes sem nenhuma unificação possível. Ao atomizar o campo da psiquiatria, fica impedida qualquer visão de conjunto, qualquer discussão, qualquer confronto. Essa visão encontra nos sucessivos DSMs e nos diferentes CIDs seus maiores representantes. O CID-10, última versão dessa psiquiatria pós-moderna, realiza verdadeiros expurgos em prol de eliminar ambiguidades de um saber marcado pela pluralidade de pontos de vista, pelas teorias psicopatológicas contrastantes e pela perplexidade com a qual ainda se defronta o clínico quando depara com a realidade crua e nua da loucura. Os idealizadores dos diferentes códigos explicitamente aspiram à procura da homogeneidade, e o fato de os códigos serem vários (DSM-III, DSM-IV-TR, CID-IX, CID-10, e seguramente haverá outros) denuncia a utopia da estabilidade e da homogeneidade a que visam.

Poder-se-ia opor a essa procura da homogeneidade a aceitação da heterogeneidade do campo da psiquiatria, o que permitiria acolher os diferentes pontos de vista, as diferentes teorias, como próprias desse campo. Não é esse o caminho mais trilhado na atualidade, porém. Talvez porque, se o fosse, ficaria diluído o efeito de "verdade indiscutível" de suas afirmações; e seu poder sobre as subjetividades também ficaria questionado.

A psiquiatria, nessa última versão universalizada, tem hoje se constituído na maior ideologia de nossa contemporaneidade. Por meio de uma minuciosa descrição de condutas possíveis, normaliza-as, distribui-as e qualifica-as como normais ou patológicas, criando protocolos que definem o diagnóstico em função do número de itens de uma lista de sintomas, ou do tempo de duração desses sintomas. Tomando como base detalhamentos pormenorizados e estatísticas, essa psiquiatria realiza recortes semiológicos que, no seu uso, terminam sendo reificados, ontologizados, no melhor estilo das classificações naturalistas dos séculos XVIII e XIX. Essa reificação aparece na fala dos pacientes: nas consultas são frequentes frases como "tenho síndrome do pânico", "tenho depressão", "sou anoréxico", "sou bulímico" ou "sou compulsivo".

A psiquiatria biológica e a psiquiatria pós-moderna afinaram seus discursos, tornaram-se hegemônicas. Assistimos a uma progressiva acomodação de seus campos e de seus objetos aos padrões dominantes de cientificidade. Hoje, predominam na psiquiatria as soluções técnicas, a aplicação de protocolos do que "deu mais certo", sem muita preocupação com a análise dos fundamentos psicopatológicos de suas ações, muito menos com a fundamentação teórica dessas intervenções.

É preciso destacar, porém, que é dentro de setores da própria disciplina que tem surgido a maioria das críticas, assim como a manifestação de um profundo descontentamento com os destinos atuais da psiquiatria. Paradoxalmente, os psicanalistas têm sido bastante complacentes, seja ignorando olimpicamente as afirmações da psiquiatria, negando-se a discutir com ela, a conhecer seus argumentos, numa atitude um tanto solipsista, seja pelo contrário, endossando suas propostas aberta ou sub-repticiamente. O interesse despertado pelas novas patologias, oriundas do mero agrupamento descritivo de sintomas (transtornos da ansiedade – pânico; da alimentação – bulimia, anorexia, TOC etc.), tão difundidas entre os psicanalistas, são uma prova dessa submissão. É preciso ficar atento a isso, não por acaso Foucault desconfiou do discurso libertador da psicanálise e lhe atribuiu novas e sutis formas de sujeição e controle.

Uma última reflexão. A medicina tem sido e será uma prática bastante indiferente ao que se diga dela. Casado com a pretensa objetividade científica, o discurso médico segue leis que lhe são próprias, e que impõem sua coerção tanto ao médico como ao doente, bem como à sociedade. Podemos fazer críticas; o discurso das evidências da medicina baseada em evidências segue seu curso sem perturbação, porém.

Jean Clavreul, no início do seu excelente livro *El orden médico*, escreve: "Cabe prever por antecipação que, seja qual for sua convicção pessoal, se o leitor [refere-se a quem possa ler eventualmente as críticas contidas no seu livro e pode aplicar-se a cada um de nós aqui presente] experimenta algum mal-estar, tomará um remédio. E se é médico, embora pessoalmente impugne a Ordem médica, se o chamam para ver um enfermo, ele o medicará" (Clavreul, 1983).

Referências

BERCHERIE, Paul. *Os fundamentos da clínica*: história e estrutura do saber psiquiátrico. Rio de Janeiro: Jorge Zahar, 1989.

CLAVREUL, Jean. *El orden médico*. Barcelona: Argot, 1983.

FOUCAULT, Michel. *O nascimento da clínica*. Rio de Janeiro: Forense Universitária, 1987.

FREUD, S. "Tratamento psíquico". In: *Obras completas*, vol. VII. Rio de Janeiro: Imago, 1996.

GUZE, B.H. Biological Psychiatry: is there any other king? *Psychological Medicine*, v. 19, n. 2, p. 315-323, 1989 apud SERPA Jr., Octavio Domont. *Mal-estar na natureza*: estudo crítico sobre o reducionismo biológico em psiquiatria. Belo Horizonte: Te Cora, 1989.

JASPERS, K. *Psicopatología general*. México: Fondo de Cultura Económica, 1993.

PINEL, Philippe. *Tratado médico-filosófico sobre a alienação mental ou mania*. Porto Alegre: UFRGS, 2007.

LANTÉRI-LAURA, G. "Principales théories dans la psychiatrie contemporaine". In: *Encyclopédie Médico-Chirurgicale*. Paris: Elsevier, 2004.

Sobre os autores

DURVAL MAZZEI NOGUEIRA FILHO é psicanalista, mestre em psiquiatria; professor e supervisor do Curso Formação em Psicanálise do Instituto Sedes Sapientiae; autor de livros (*Toxicomanias e Psicanálise & Medicação*, ambos da editora Escuta) e artigos especializados.

Contato: dr.durval@uol.com.br

EDE OLIVEIRA SILVA é médico e tem formação em psicanálise pelo Departamento Formação em Psicanálise do Instituto Sedes Sapientiae; membro efetivo do Departamento Formação em Psicanálise; professor do curso Formação em Psicanálise.

Contato: ededeos@uol.com.br

ÉSIO DOS REIS FILHO é médico psiquiatra pela Associação Médica Brasileira (FMUSP - 1970); psicanalista pelo Instituto Sedes Sapientiae (1986), professor e supervisor do Curso Formação em Psicanálise do Instituto Sedes Sapientiae; professor e supervisor do Curso de Formação de Terapeutas Infantis (IPPIA), da Dra. Amélia de Vasconcelos.

Contato: esioreisfilho@gmail.com

JOEL BIRMAN é psiquiatra e psicanalista; mestre em Saúde Coletiva pela Universidade do Estado do Rio de Janeiro -UERJ; doutor em Filosofia pela USP; e cursou pós-doutorado pela Université Paris VII; membro de Honra do Espace Analytique; professor titular e pesquisador da Universidade Federal do Rio de Janeiro - UFRJ e professor adjunto do Instituto de Medicina Social da UERJ; autor de diversos livros, dentre os quais: *Mal-estar na atualidade* (2001), *Arquivos da resistência* (2006), *Cadernos sobre o mal* (2009) e *O Sujeito na Contemporaneidade* (2013).

Contato: joelbirman@uol.com.br

Luís Cláudio Figueiredo é psicanalista; professor da PUC-SP e da USP; com dezenas de artigos publicados no Brasil e no exterior e diversos livros, entre os quais *As diversas faces do cuidar* (2009) e *Os trabalhos psíquicos na situação analisante* (a ser publicado em junho de 2014), ambos pela Editora Escuta.

Contato: lclaudio@netpoint.com.br

Pedro Carlos Carneiro é médico psiquiatra, psicoterapeuta e homeopata; mestre em Saúde Coletiva pela Unifesp; professor do Curso de Especialização em Saúde mental e Reforma Psiquiátrica do Instituto Sedes Sapientiae.

Contato: Pedro.cscarneiro@uol.com.br

Oscar Miguelez é psicanalista; mestre e doutor em psicologia clínica pela PUC-SP; membro e professor do Departamento Formação em Psicanálise do Instituto Sedes Sapientiae; professor do Curso Teoria Psicanalítica do COGEAE PUC-SP; autor de *Narcisismos*, publicado pela editora Escuta.

Contato: oscarmig@uol.com.br

Sobre as organizadoras

Lucianne Sant'Anna de Menezes é psicóloga e psicanalista; mestre e doutora pelo Instituto de Psicologia da USP; docente do Instituto de Psicologia da Universidade Federal de Uberlândia - UFU/MG; membro efetivo do Departamento Formação em Psicanálise do Instituto Sedes Sapientiae, no qual participa do Conselho Editorial da revista *Boletim Formação em Psicanálise* e da Comissão de Publicação desse departamento; autora dos livros: *Pânico: Efeito do desamparo na contemporaneidade. Um estudo psicanalítico* (2006, editora Casa do Psicólogo), *Desamparo* (2012, coleção Clínica Psicanalítica, editora Casa do Psicólogo), *Psicanálise e saúde do trabalhador: Nos rastros da precarização do trabalho* (2012, Primavera Editorial).

Contato: lsmenezes@ipsi.ufu.br

Gisela Giglio Armando é especialista em psicologia clínica pela PUC-SP; psicanalista pelo Instituto Sedes Sapientiae - Departamento Formação em Psicanálise; membro efetivo do Departamento Formação em Psicanálise; membro do Fórum do Campo Lacaniano-SP e da Internacional dos Fóruns do Campo Lacaniano.

Contato: giselaarmando@gmail.com

Patrícia Vieira é pedagoga pela PUC- SP; psicopedagoga pelo Instituto Sedes Sapientiae; psicanalista; membro efetivo do Departamento Formação em Psicanálise do Instituto Sedes

Sapientiae; consultora de projetos de inclusão escolar e professora de curso de expansão de inclusão escolar no Instituto Sedes Sapientiae.

Contato: patvieira4@uol.com.br

TÍTULO **Medicação ou medicalização?**

Publicação em parceria com o Departamento Formação em Psicanálise do Instituto Sedes Sapientiae

Coordenadora da Comissão de Publicação do Departamento Formação em Psicanálise VALESCA BRAGOTTO

Equipe editorial LINDSAY GOIS E LOURDES MAGALHÃES
Preparação de textos CLARISSA PEIXOTO
Revisão LINDSAY GOIS
Capa e projeto gráfico MARIANA CARBONELL
Diagramação SCHÄFFER EDITORIAL

Dados Internacionais de Catalogação na Publicação (CIP)
(Câmara Brasileira do Livro, SP, Brasil)

Medicação ou medicalização? / Lucianne Sant'Anna de Menezes, Gisela Giglio Armando, Patrícia Vieira, organizadoras . -- São Paulo : Primavera Editorial, 2014.

Bibliografia.
ISBN 978-85-61977-75-7

1. Interações de medicamentos 2. Medicamentos - Aspectos psicológicos 3. Medicamentos - Estabilidade 4. Psicofármacos - Efeitos colaterais 5. Psicologia 6. Psicanálise 7. Saúde mental I. Menezes, Lucianne Sant'Anna de. II. Armando, Gisela Giglio. III. Vieira, Patrícia.

14-04699 CDD-615.78
NLM-QV 746

Índice para catálogo sistemático:

1. Psicofármacos : Interações medicamentosas : Farmacologia : Ciências médicas 615.78

PRIMAVERA
EDITORIAL

Rua Ferreira de Araújo, 221 - CJ. 75
05428-000 - São Paulo - SP
Telefone: (55 11) 3034-3925
www.primaveraeditorial.com
contato@primaveraeditorial.com

MEDICAÇÃO OU MEDICALIZAÇÃO?

foi impresso em São Paulo
pela gráfica Markpress
para Primavera Editorial em
junho de 2014.